Stiftung Haus der Geschichte
der Bundesrepublik Deutschland (Hg.)

Deutsche Mythen seit 1945

DEUTSCHE MYTHEN SEIT 1945

KERBER CULTURE

Stiftung
Haus der Geschichte
der Bundesrepublik Deutschland

Inhalt

Jedes Kind
braucht einen Vater.
Jeder Mensch
braucht einen Traum.
Jedes Land
braucht eine Legende.
PUBLIKUMSPREIS
56. Internationales
Filmfestival Locarno
Das Wunde
von Bern

Hans Walter Hütter

VORWORT

„Aus dem Hintergrund müsste Rahn schießen, Rahn schießt [...]“: Viele Deutsche können noch heute aus dem Kopf das Zitat aus der Radioübertragung des NWDR-Reporters Herbert Zimmermann zum Endspiel der Fußballweltmeisterschaft 1954 in Bern vervollständigen. Der vierfache „Tor“-Schrei ist Teil des kollektiven Gedächtnisses geworden, obwohl nur die Wenigsten eine persönliche Erinnerung an den damaligen Gewinn des Weltmeistertitels haben. Die *Süddeutsche Zeitung* bezeichnete vor einigen Jahren das „Wunder von Bern“ als „das eigentliche Gründungsdatum der Bundesrepublik [...], wichtiger als die Einführung der D-Mark oder die Verkündung des Grundgesetzes“. Der verstorbene *FAZ*-Herausgeber Joachim Fest zählte gar den damaligen Mannschaftskapitän Fritz Walter neben Konrad Adenauer und Ludwig Erhard zu den Gründungsvätern unserer Republik. Schon diese Hinweise belegen die offenkundige Mythisierung des Sportereignisses, die 1954 keineswegs absehbar war. So stark zweifellos damals, neun Jahre nach dem Ende des Zweiten Weltkriegs, die nationale Begeisterung über den Sieg empfunden wurde, so verebbte sie doch vergleichsweise rasch und wurde in den folgenden Jahrzehnten nur sporadisch erinnert. In den 1970er und 1980er Jahren wäre eine zu Tränen rührende Verfilmung vermutlich als Appell an ein für bedenklich gehaltenes Nationalgefühl abgelehnt worden. Seit Mitte der 1990er Jahre entstand eine Verklärung, die über den rein sportlichen Kontext hinausreichte und sich 2004 zum 50. Jahrestag – beflügelt durch den Kinofilm *Das Wunder von Bern* von 2003 und die ihn begleitende Werbekampagne – voll entfaltete.

Der unerwartete deutsche Triumph 1954 im Berner Wankdorf-Stadion über die hoch favorisierte ungarische Nationalmannschaft, zugeschrieben einem außergewöhnlichen Mannschaftsgeist, der innovativen Technik des Schraubstollenschuhs

und der schicksalhaften Fügung des „Fritz-Walter-Wetters", konnte rückblickend als Analogie zum Wiederaufstieg Deutschlands im „Wirtschaftswunder" der 1950er Jahre rezipiert werden.

In ähnlicher Weise wirkt der Mythos der deutschen Wiedervereinigung: Die Entwicklung – so hören und lesen wir immer wieder – scheint direkt von den Montagsdemonstrationen im Herbst 1989 über den Mauerfall am 9. November 1989 in Berlin bis zur großen Einheitsfeier vor dem Berliner Reichstagsgebäude am 3. Oktober 1990 zu führen. Die Ereignisse vom Herbst 1989 bis zum Oktober 1990 verschmelzen zu einem Bild, als sei mit dem Fall der Mauer die Wiedervereinigung zwangsläufig gewesen.

Doch dieser Mythos blendet aus, dass die Situation im Herbst 1989 völlig offen war. Er erzählt nicht von der Dynamik der folgenden Ereignisse, von den zähen Verhandlungen und den Mühen, die notwendig waren, das Land wieder zu vereinen. Der Mythos wird den Ereignissen nicht gerecht und hat doch – oder gerade deswegen – große Wirkung!

Es handelt sich hier keineswegs um Legenden oder märchenhafte Erzählungen aus alter Zeit, schon gar nicht um Falschinformationen oder Lügen. Mythen – im Sinne der Ausstellung und dieses Begleitbands – bilden vielmehr als identitätsstiftende Narrationen über die gemeinsame Geschichte ein wichtiges Fundament für das Gedächtnis einer Nation. Sie unterwerfen die Vergangenheit formalen, ästhetischen und ethischen Erfordernissen, sie rekonstruieren die mythischen Erzählungen nach den Sinnbedürfnissen der Gegenwart, sie genügen zwar nicht den Ansprüchen wissenschaftlicher Geschichtsdarstellungen, haben jedoch stets einen Wahrheitskern. In demokratischen Gesellschaften handelt es sich dabei nicht um vorsätzliche Verfälschungen, sondern um Fundamente nationaler Erinnerung und Identität, die sich im gesellschaftlichen Diskurs, oft kontrovers, herausbilden. Diktaturen hingegen versuchen, Mythen im Sinne der Staatsführung auch ohne Rücksicht auf den Wahrheitsgehalt zu formen und durchzusetzen.

Unsere Ausstellung will nicht historische Irrtümer entlarven, die in ein Reich der Mythen zu verweisen wären. Vielmehr will sie einige Mythen der Deutschen seit 1945 im geteilten und vereinten Deutschland in ihrer historischen Entwicklung beschreiben und analysieren. Ausstellung und Begleitpublikation verdeutlichen Ursprünge und Kommunikationsformen einiger Vorstellungen von Vergangenheit und Gegenwart, die oft für selbstverständlich gehalten werden, und gewähren damit tiefere Einsichten in die Mechanismen kollektiver Erinnerungs- und Identitätsbildung. Die Reflexion dessen ist heute vermutlich wichtiger denn je. Angesichts der neuen Rolle Deutschlands sind manche unserer Gründungsmythen und

„Fest der Freiheit“: Eine Installation mit 1.000 bemalten Dominosteinen entlang des Verlaufs der Mauer erinnert am 9. November 2009 in Berlin an die Grenzöffnung vor 20 Jahren.

mythischen Selbstbilder zu überprüfen, um neue Herausforderungen und Erfahrungen zu ergänzen oder in veränderter Form fortzuerzählen.

Diese ebenso wichtigen wie anspruchsvollen Fragestellungen der Ausstellung attraktiv umzusetzen, erforderte besonderen Einsatz von allen Beteiligten: Mein Dank gilt den Kolleginnen und Kollegen in Leipzig, Bonn und Berlin, an erster Stelle dem Projektteam unter Leitung von Dr. Daniel Kosthorst. Er hat mit Dr. Jürgen Reiche, unserem langjährigen Ausstellungsdirektor und neuem Direktor des Zeitgeschichtlichen Forums Leipzig, die Realisierung vorangetrieben und gemeinsam mit dem Atelier Schubert aus Stuttgart eine Gestaltung erarbeitet, welche die komplexen Themen erlebnisreich veranschaulicht – eine anspruchsvolle Aufgabe. Den Gremien der Stiftung – Kuratorium, Wissenschaftlicher Beirat und Arbeitskreis gesellschaftlicher Gruppen – danke ich für den stets vertrauensvollen Austausch. Insbesondere seien hier die Professoren Dr. Bernd Faulenbach, Dr. Antonia Grunenberg, Dr. Werner Plumpe, Dr. Martin Sabrow und Dr. Hans-Peter Schwarz genannt, die uns mit fundierter Sachkenntnis und hohem Engagement unterstützt haben. Den Autoren, Interviewpartnern und Redakteurinnen dieses Bandes gebührt mein persönlicher Dank für anregende Artikel und spannende Interviews, die zur vertiefenden Auseinandersetzung einladen.

Neben informativer Lektüre wünsche ich uns vielfältige Diskussionen und hoffe, dass die Ausstellung und das Begleitbuch zur persönlichen Meinungsbildung beitragen können.

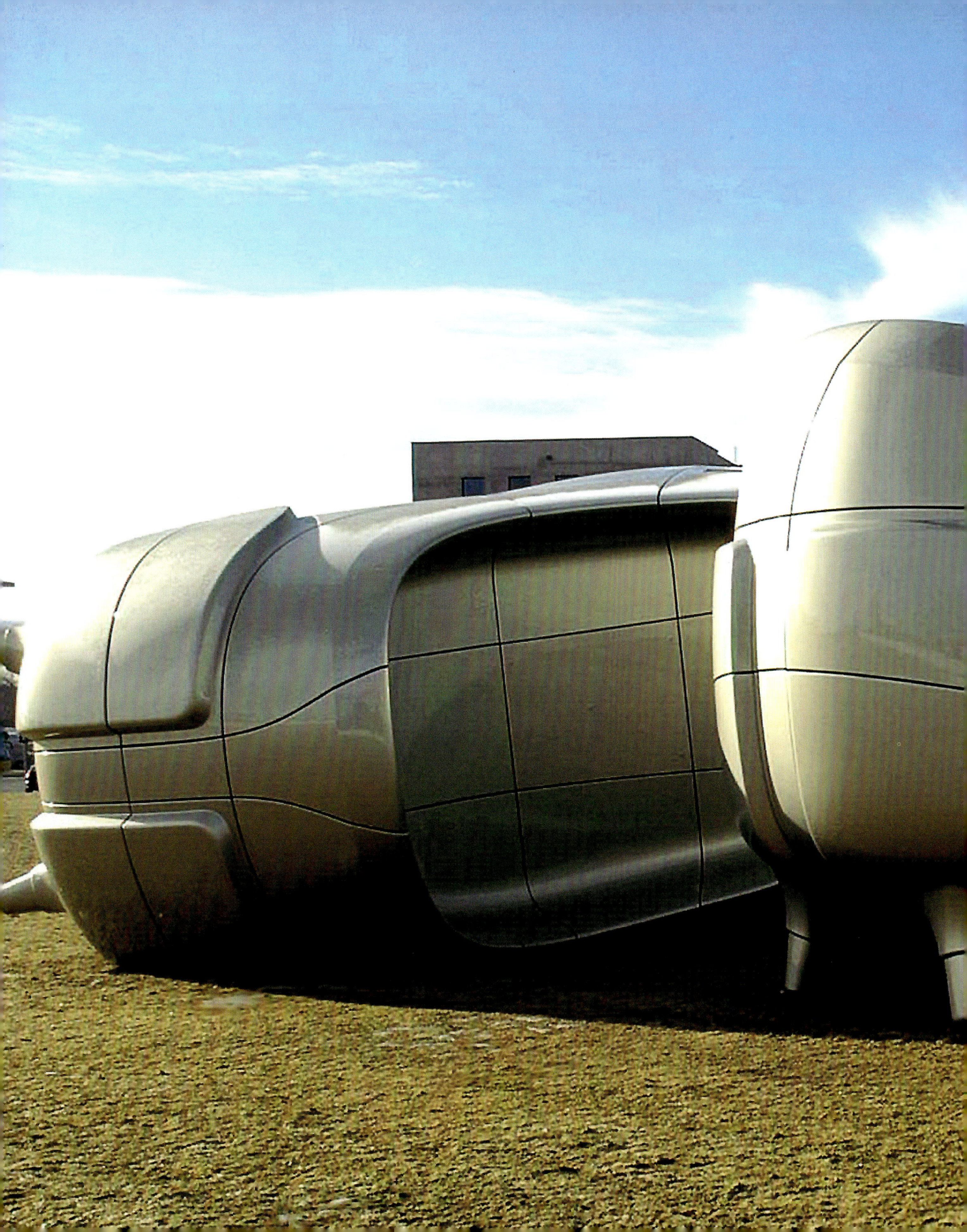

Daniel Kosthorst

„EIN HOCH AUF UNS" – MYTHEN DER DEUTSCHEN NACH DEM ZWEITEN WELTKRIEG

PERSÖNLICHE UND NATIONALE ERINNERUNG

Nationen sind immer „Gedächtnisgemeinschaften".

Vorherige Doppelseite: Im Sommer 2006 steht auf dem Berliner „Walk of Ideas" die Skulptur *Der moderne Fußballschuh* als Symbol für den Erfindergeist der Deutschen.

Preußenmythos: Auch in der DDR kommt es zu einer Rückbesinnung auf die preußische Geschichte. 1980 lässt DDR-Staatsratsvorsitzender Erich Honecker das zerstörte Reiterstandbild Friedrichs II. wieder errichten.

Zu den entscheidenden Fundamenten der Nation gehören, nach der berühmten Definition des französischen Denkers Ernest Renan aus dem Jahr 1882, „der gemeinsame Besitz eines reichen Erbes an Erinnerungen" und das „Einvernehmen [...], gemeinsam Großes vollbracht zu haben und weiter vollbringen zu wollen [...]". Nationen sind daher immer „Gedächtnisgemeinschaften". Das gilt auch für Deutschland, dessen Erinnerungshaushalt freilich seit 1945 einige Besonderheiten aufweist. Doch wie erinnern sich Nationen? Wie ist es möglich, dass Menschen selbst weit zurückliegende Erfahrungen der Vorfahren als gemeinsame Erinnerung akzeptieren, obwohl sie persönlich keinen Anteil daran haben?

Die moderne Gedächtnisforschung gibt dazu wichtige Hinweise: Danach sind schon unsere individuellen Erinnerungen keine präzisen Abbilder vergangenen Geschehens. Sie sind vielmehr Konstruktionen unseres Gehirns, die wir passend zu jeweils aktuellen Anlässen erzeugen und erzählen. Dabei werden aus Versatzstücken, die in ganz unterschiedlichen Hirnregionen gespeichert sind, Versionen der Vergangenheit zusammengestellt, die sich bei häufigerem Abruf zu Gewissheiten verfestigen. Erinnerungserzählungen wählen aus, verknüpfen und ordnen, ergänzen aber auch Fehlstellen und blenden sogar eigentlich vorhandenes Wissen aus, um Folgerichtigkeit und Sinn zu gewinnen.

Nationale Erinnerungen sind kollektive Erinnerungskonstruktionen. Sie entstehen und existieren durch soziale Kommunikation, die sich politischer Mythen bedient. So verstandene Mythen sind keine Legenden oder gar vorsätzliche Verfälschungen, wie es der allgemeine Sprachgebrauch nahelegt. Sie sind vielmehr unverzichtbare „Erinnerungsorte“ (Pierre Nora) einer Nation und bilden in einem Geflecht mythischer Erzählungen gemeinsame Versionen der Vergangenheit aus. Mythen verdichten, ordnen und vereinfachen das kaum überschaubare Geschehen der Geschichte zu sinnstiftenden Geschichten, die aus den historischen Erfahrungen Identität und Zuversicht für die Zukunft schaffen. Sie setzen klare Bewertungen, sind oft mit starken Figuren und einer Abgrenzung nach außen verknüpft. Damit bieten sie eine Art nationale Leistungsschau, die mit heroischen Gründungsgeschichten und überhöhten Selbstzuschreibungen Loyalität und Einsatzbereitschaft erzeugen kann. Politische Mythen sind daher, wie die Erinnerungskonstruktionen des Einzelnen, unvermeidlich immer „richtig“ und „falsch“ zugleich. In der Demokratie handelt es sich um gesellschaftlich gewachsene, offene und integrierende Erzählungen, die über die unmittelbare Kommunikation im sozialen Umfeld, über Schule, Medien und Politik, aber auch über Literatur, Bilder und Ausstellungen, Denkmale, Gedenktage oder -feiern vermittelt werden. Für Diktaturen ist diese Flexibilität und Vielgestaltigkeit gefährlich, weshalb sie zur Untermauerung ihrer Herrschaft gezielt Mythen zu etablieren und in festen Formen zu kontrollieren suchen.

Ungewöhnliche Perspektive auf Hermann: Pia Malmus' Fotoserie *Deutschlandreise* begibt sich auf die Suche nach deutscher Identität.

Die Deutschen, deren Nation bis weit ins 19. Jahrhundert nur als Vorstellung existierte, waren lange besonders kreative Mythenerzähler. Nach dem Missbrauch durch die Nationalsozialisten und der katastrophalen Niederlage im Zweiten Weltkrieg brach jedoch die deutsche Mythentradition weitgehend ab. An die Stelle so prominenter Erzählungen wie etwa der von Hermann, dem „Befreier Germaniens“, oder von Kaiser Barbarossa im Kyffhäuser traten neue Narrationen nationaler Erinnerung. Anders als in den europäischen Nachbarstaaten, deren Mythen auch heute noch weit in die Geschichte zurückgreifen, konzentrieren sie sich in Deutschland auf die Zeit nach 1945. Sowohl in der Bundesrepublik als auch in der DDR entstanden sie zunächst in Abwehr der traumatischen Erfahrung des Nationalsozialismus und der damit verbundenen Schuld, die das Selbstverständnis der Deutschen insgesamt fundamental infrage stellte.

GRÜNDUNGSMYTHEN

Narrationen über den eigenen Ursprung bilden den Kern der in Mythen verdichteten Erinnerung einer Nation. Sie setzen den Anfang einer erfolgreichen Geschichte und grenzen diese gegenüber Nachbarn, Konkurrenten und Gegnern ab. In Westdeutschland entstand die mythische Erzählung des nach der „Stunde Null“ hart erarbeiteten Aufstiegs aus den Trümmern des Zweiten Weltkriegs, begonnen von den „Trümmerfrauen“ der ersten Nachkriegszeit, gefördert durch die Währungsreform von 1948, die im „Schaufensterwunder“ den Erfolg der neuen D-Mark bewies, und vollendet im „Wirtschaftswunder“ der 1950er Jahre. Der Mythos ermöglichte eine doppelte Distanzierung sowohl von der nationalsozialistischen Vergangenheit als auch vom ökonomischen Versagen des ostdeutschen Konkurrenzstaats. Seine breite Kommunikation verdankte er dem persönlichen Erleben, das mit der Entfaltung der Massenkonsumgesellschaft einherging.

„Stunde Null“ und Neuanfang: Der Mythos der „Trümmerfrauen“ hat sich bis heute gehalten.

Wie bei allen politischen Mythen entspricht die Erzählung in vielen Teilen den historischen Fakten, doch sie verschiebt auch die Bewertung wichtiger, vor allem äußerer Ursachen und Begleitumstände der Entwicklung. Gerade deshalb konnte sie jedoch zum zentralen Gründungsmythos der Bundesrepublik werden, den Politik und Medien immer wieder aufrufen: beispielhaft etwa Bundeskanzler Helmut Kohl 1990 in seiner berühmten Ankündigung der „blühenden Landschaften", die in Ostdeutschland nach dem Vorbild des westdeutschen Wiederaufbaus nach 1945 entstehen sollten.

In deutlichem Kontrast zu den westdeutschen Erinnerungserzählungen propagierte die kommunistische Diktatur ihre Gründungsmythen für die DDR. So war das Ende des Zweiten Weltkriegs im Mythos von „Befreiung" und „Sieg" nicht nur ein insbesondere der Roten Armee zu verdankender militärischer Sieg, sondern auch ein weltgeschichtlicher Sieg über den „Faschismus" und über den Kapitalismus als dessen vermeintlichen Ursprung. An der Seite der Sowjetunion durften sich in der DDR auch die schuldbeladenen Verlierer des Kriegs als befreite Opfer und sogar als Sieger über den „Hitler-Faschismus" fühlen, die nun die Chance zum „antifaschistischen" Neuanfang erhielten. Diesem Mythos zufolge erfüllte die DDR das Erbe der kommunistischen Widerstandskämpfer und eröffnete als „Arbeiter- und Bauernstaat" ein neues Kapitel der deutschen Geschichte, das sie nach historischer Gesetzmäßigkeit der klassenlosen Gesellschaft im Kommunismus entgegenführen würde.

Diese Narrationen folgten der kommunistischen Ideologie, liefen aber dem Erleben der Menschen in Ostdeutschland vielfach zuwider. Die staatlich gelenkte und stark ritualisierte Vermittlung konnte nicht verhindern, dass das Mythenkonstrukt schon lange vor dem Ende der DDR jede Glaubwürdigkeit verlor. Die Wirklichkeit des „real existierenden Sozialismus" widerlegte die kommunistischen Glücksverheißungen und legte damit den Keim zur friedlichen Revolution.

Unten: Deutsche als Friedensverfechter: Am 22. Oktober 1983 findet auf der Hofgartenwiese in Bonn die größte Demonstration gegen die Umsetzung des NATO-Doppelbeschlusses statt.

Linke Seite oben: Das DDR-Plakat zum 40. Jahrestag des 8. Mai zeigt einen sowjetischen Soldaten mit einem Kind auf dem Arm: Das Motiv erinnert an das Denkmal in Berlin-Treptow.

GETEILTE MYTHEN – MYTHEN DER EINHEIT

Zwei prominente Erinnerungserzählungen der Deutschen haben erkennbar doppelte Wurzeln in der Zeit der Teilung. So gehört es in Westdeutschland seit der Diskussion um die Remilitarisierung Anfang der 1950er Jahre zu den Grundüberzeugungen, dass sich das Land als Konsequenz seiner kriegerischen Vergangenheit entweder – so die Tradition der Friedensbewegung – jeder militärischen Machtmittel enthalten müsse oder aber – so die Rechtfertigung der Politik – seine militärische Potenz ausschließlich in den Dienst der Friedensbewahrung zu stellen habe. Aus diesen Argumentationsfiguren entstand der politische Mythos der historisch begründeten Selbstverpflichtung der Bundesrepublik als „Friedensmacht", die im Unterschied zu anderen Nationen ihre Interessen nur mit größter Zurückhaltung verfolgen dürfe.

Auch in der DDR war die Selbstinszenierung als „Hort des Friedens" ein wichtiger Teil des Mythenrepertoires, obwohl die umfassende Militarisierung des Lands und die Unterdrückung der oppositionellen Friedensbewegung diesen Anspruch direkt widerlegten. Gleichwohl konnte nach 1989 die Narration Anschluss an den gesamtdeutschen Mythenhaushalt finden. Seit der Wiedervereinigung steht Deutschland jedoch vor neuen internationalen Herausforderungen, die auch militärische Handlungsmöglichkeiten erfordern. Der Mythos der Deutschen als Friedensverfechter erfährt daher heute in der politischen Debatte signifikante Fortschreibungen.

Bildikone: Willy Brandts Kniefall am 7. Dezember 1970 vor dem Ehrenmal für die Opfer des Aufstands im Warschauer Ghetto.

Ein ebenso doppelt gespeistes Selbstbild zeigt die Deutschen als „Musterschüler" ihrer verhängnisvollen Geschichte. In der Bundesrepublik verkürzt der politische Mythos die in vielerlei Hinsicht schwierige und widerspruchsreiche Auseinandersetzung mit der nationalsozialistischen Vergangenheit auf die lineare Erzählung, dass nach langem Verschweigen erst die Studentenproteste der „68er" eine ehrliche Schulddebatte erzwungen hätten. Als weitere Zäsuren gelten unter anderem der Kniefall Willy Brandts 1970 in Warschau und die Rede von Bundespräsident Richard von Weizsäcker am 8. Mai 1985. Nach der Wiedervereinigung vollendeten dann die

Zum 25. Jahrestag des Mauerfalls markiert eine „Lichtgrenze“ aus leuchtenden Ballons den Verlauf der ehemaligen Mauer durch Berlin.

Deutschen ihre vorbildhafte Erinnerungsarbeit beispielsweise mit der Errichtung des Holocaust-Mahnmals im Zentrum Berlins und zugleich – „besser“ als nach 1945 – mit der unverzüglichen und beispielgebenden Aufarbeitung der zweiten deutschen Diktatur in der DDR.

Der SED galt hingegen schon die bloße Existenz des „sozialistischen Deutschland“ als vorbildliche Aufarbeitung der Geschichte, weil hier alle gesellschaftlichen Ursachen des „Faschismus“ vernichtet worden seien. Der ständig bekräftigte „Antifaschismus“ bot der Bevölkerung eine Art Schuldbefreiung an. Die Verantwortung für die Lasten der nationalsozialistischen Vergangenheit wurde der Bundesrepublik zugeschoben, obwohl auch in der DDR ehemalige Parteigänger Karriere machten und in den 1980er Jahren rechtsradikale Tendenzen aufkamen. Doch die lautstark propagierte Distanzierung von der dunklen Geschichte ermöglichte nach der Wiedervereinigung auch den Ostdeutschen die Teilnahme am Mythos des „Weltmeisters“ der Vergangenheitsaufarbeitung.

Als neuer, nunmehr gesamtdeutscher Mythos entsteht seit Ende der 1990er Jahre die Erzählung von der durch die friedliche Revolution wiedergewonnenen nationalen Einheit. Das Geschehen in der DDR im Herbst 1989 erscheint hier als „deutsche Revolution“, die das von westdeutschen Eliten gehegte Geschichtsbild der ausgebliebenen Freiheitsrevolution der Deutschen aufhebt und einen geradezu wundergleichen Auftakt zur Wiedervereinigung darstellt. In der vor allem an den Jahrestagen von Politik und Medien beschworenen mythischen Narration verschmelzen die unterschiedlichen historischen Ereignisse zu einem einzigen sinnstiftenden Erzählstrang, der die Fähigkeit der Deutschen zu mutiger Veränderung heraushebt.

MYTHISCHE SELBSTBILDER

Zum Mythenhaushalt des vereinten Deutschland gehören weitere Erinnerungserzählungen, die das besondere Selbstbild der Deutschen prägen. So sehen sie sich im Blick auf die Nachbarn als vorbildliche Europäer, die schon bald nach dem Zweiten Weltkrieg zu entscheidenden Vorleistungen zugunsten der europäischen Einigung bereit waren und dank ihres großzügigen finanziellen Einsatzes bis heute „Zahlmeister Europas" sind. Diese in vieler Hinsicht durchaus zutreffende Beschreibung der Rolle Deutschlands unterschätzt jedoch die weit komplexere historische Entwicklung und vor allem die Tatsache, dass die in einem stabilen Friedensraum und dem weltweit größten Binnenmarkt agierende Exportnation zugleich als wichtigster Nutznießer des Projekts Europa gelten kann.

Ähnlich verhält es sich mit dem deutschen Selbstbewusstsein als Vorreiter im Umweltschutz. Laut diesem Mythos haben die Deutschen in den harten Auseinandersetzungen um die Kernkraft und im Kampf gegen das „Waldsterben" ein leidenschaftliches Umweltbewusstsein erworben, das mit der parlamentarischen Umsetzung durch die Partei der Grünen zu einem Leitmotiv deutscher Politik geworden sei. Deutschland, so das mythische Selbstbild, hat daher vorbildhaft den Atomausstieg begonnen, spart beispielhaft Energie, kauft nachhaltige Produkte und verzehrt bevorzugt „biologische" Lebensmittel. Dennoch ist das Land als eine der führenden Industrienationen bis heute maßgeblich mitverantwortlich für zahlreiche Umweltprobleme, deutsche Vorzeigeprojekte wie die Abfallwirtschaft und die Energiewende haben vielfach unerwünschte Nebenwirkungen. Ausgerechnet besserverdienende Konsumenten konterkarieren selbst ihre ökologisch geprägte Selbstwahrnehmung durch ihren aufwendigen Lebensstil.

Deutschland als Fußballnation: Bei der Weltmeisterschaft 2006 zeigte sich das Gastgeberland von seiner besten Seite.

Weniger ernst vorgetragen, aber deshalb nicht minder bedeutsam ist das Selbstbild der Deutschen als siegreiche Fußballnation. Prominente Auftritte der Nationalmannschaft der Männer erscheinen darin als eine Geschichte nationaler Bewährungsproben. So speisen unter anderem das „Wunder von Bern" des Jahrs 1954, der mit dem „Wembley-Tor" gestohlene Sieg von 1966, der vom „Kaiser" und vom „Bomber der Nation" errungene Titelgewinn 1974, die „Nacht von Rom" 1990 und der „Triumph von Rio“ 2014 die mythische Erinnerung einer Nation, die in entscheidenden Momenten zusammensteht, zu äußersten Anstrengungen bereit und damit am Ende erfolgreich ist. Sprache und Bilder zu internationalen Fußballspielen enthalten zuweilen eine Kampfmetaphorik, die sie hinsichtlich ihrer psychologischen Wirkung in die Nähe militärischer Schlachten längst vergangener Zeiten rückt. Seit dem Sommermärchen 2006 wird die nationale Begeisterung unbefangen ausgelebt und bietet Politik, Wirtschaft und Medien vielfältige Ansatzpunkte für eine emotionale Ansprache der Bevölkerung.

Dieselben Akteure haben vor Jahren sogar versucht, eine ähnliche gesellschaftliche Dynamik gezielt zu entfachen. Mit der Kampagne „Du bist Deutschland“ sollte 2005 im Vorfeld der Fußballweltmeisterschaft in Deutschland eine Aufbruchstimmung zugunsten der seinerzeit realisierten sozialpolitischen Reformen erzeugt werden. In einem über zahllose Kanäle vermittelten Werbespot trugen prominente Persönlichkeiten ein weihevolles „Manifest“ für nationale Zuversicht vor. Die mediale Reichweite dieses Appells, der das mythische Selbstbild der besonderen Einsatzbereitschaft der Deutschen beschwor, war enorm, auch wenn er schon bald vielfältiger Kritik ausgesetzt war. Demgegenüber erreichte die von der *Bild*-Zeitung im gleichen Jahr geprägte Schlagzeile „Wir sind Papst!“ bei Weitem nicht dieselbe Wirkung. Anlässlich der Papstwahl des deutschen Kardinals Joseph Ratzinger sollte der Slogan im 60. Jahr nach dem Ende des Zweiten Weltkriegs die endgültige Rehabilitierung der Deutschen verkünden, durch die sie nun wieder des höchsten Amts auf Erden würdig geworden seien. Auch wenn die Formel in den deutschen Sprachgebrauch Eingang fand – „Wir sind Pizza“ warb etwa 2015 ein Onlinebringdienst – hat sie den mythischen Selbstbildern der Deutschen kein weiteres hinzufügen können.

„Wir sind Papst!“ lautet die Schlagzeile der *Bild*-Zeitung am 20. April 2005 nach der Wahl Joseph Kardinal Ratzingers zum Papst. Schnell wird der Satz zu einem geflügelten Wort.

NATIONALE MYTHEN – MYTHEN FÜR EUROPA

Die Bedeutung politischer Mythen als identitätsstiftende Erinnerungserzählungen wirft die Frage auf, ob solche nicht auch für das vereinte Europa erforderlich wären, um eine europäische Identität auszubilden. Der antike Mythos der von Zeus entführten Königstochter, die dem Kontinent den Namen gab, bietet dazu keinen Ausgangspunkt. Es gibt jedoch durchaus aussichtsreichere Ansätze: So betonen Politik und Medien zu entsprechenden Anlässen die historische Rolle der Union als Friedensgarant, beschwören eine auf die Errungenschaften der Französischen Revolution zurückgehende Wertegemeinschaft oder verweisen auf das gemeinsame Erbe des Holocaust und der Befreiung von der nationalsozialistischen Gewaltherrschaft als möglichen europäischen Gründungsmythos. Doch finden diese Narrationen wenig Resonanz und sind teilweise sogar umstritten. Es ist derzeit nicht zu erkennen, dass Europa gemeinsame Mythen entwickeln könnte. Solange die Nation die entscheidende Bezugsgröße der Europäer bleibt, wäre schon viel gewonnen, wenn sich ein Bewusstsein über die Quellen und Funktionen der eigenen nationalen Erinnerungskonstruktionen herstellen und ein respektvolles Interesse für die Mythen der Nachbarn wecken ließe.

Angesichts der sich abzeichnenden Herausforderungen des 21. Jahrhunderts sind politische Mythen auch heute eine wichtige Ressource der Politik. Ein anschauliches Beispiel ist etwa die Argumentation von Bundeskanzlerin Angela Merkel, die im Dezember 2015 die Erfolgsaussichten ihres Regierungshandelns bekräftigte, „weil es zur Identität unseres Landes gehört, Größtes zu leisten, aus Trümmern ein Land des Wirtschaftswunders zu machen, nach der Teilung ein in der Welt hochgeachtetes Land in Einigkeit und Freiheit zu schaffen“. Die mythisch verdichtete Erinnerung der Nation kann Selbstbewusstsein und Zuversicht mobilisieren. Sie kann dem gesellschaftlichen Zusammenhalt der Deutschen, aber auch der Integration von Zuwanderern in Deutschland dienen, weil sie wichtige Fundamente deutscher Identität vermittelt. Sie kann schließlich gegen zersetzende mythische Konstruktionen politischer Extremisten wappnen. Bedenklich wäre ein Rückgriff auf den nationalen Mythenhaushalt dann, wenn aus dem darin eingewobenen „Hoch auf uns“, wie es die Deutschen 2014 im Siegestaumel der Fußballweltmeisterschaft mit dem Popsänger Andreas Bourani sangen, ein Überlegenheitsgefühl oder gar Ressentiments gegenüber anderen Nationen und Nationalitäten erwüchsen.

„Wir zusammen" heißt die Integrations-Initiative der deutschen Wirtschaft für Flüchtlinge. 36 Unternehmen haben sich dem Netzwerk angeschlossen und wollen zusätzliche Praktika und Ausbildungsplätze anbieten.

Pappi hat einen Witz vom Stapel gelassen.
Höher ging es nicht.
Im Urlaub an der Bille.
Juli 1953
Ein „Grashüpfer".
ungetrübte Freude.

Astrid Erll

„WIR SIND, WAS WIR ERINNERN" – GEDÄCHTNIS UND IDENTITÄT

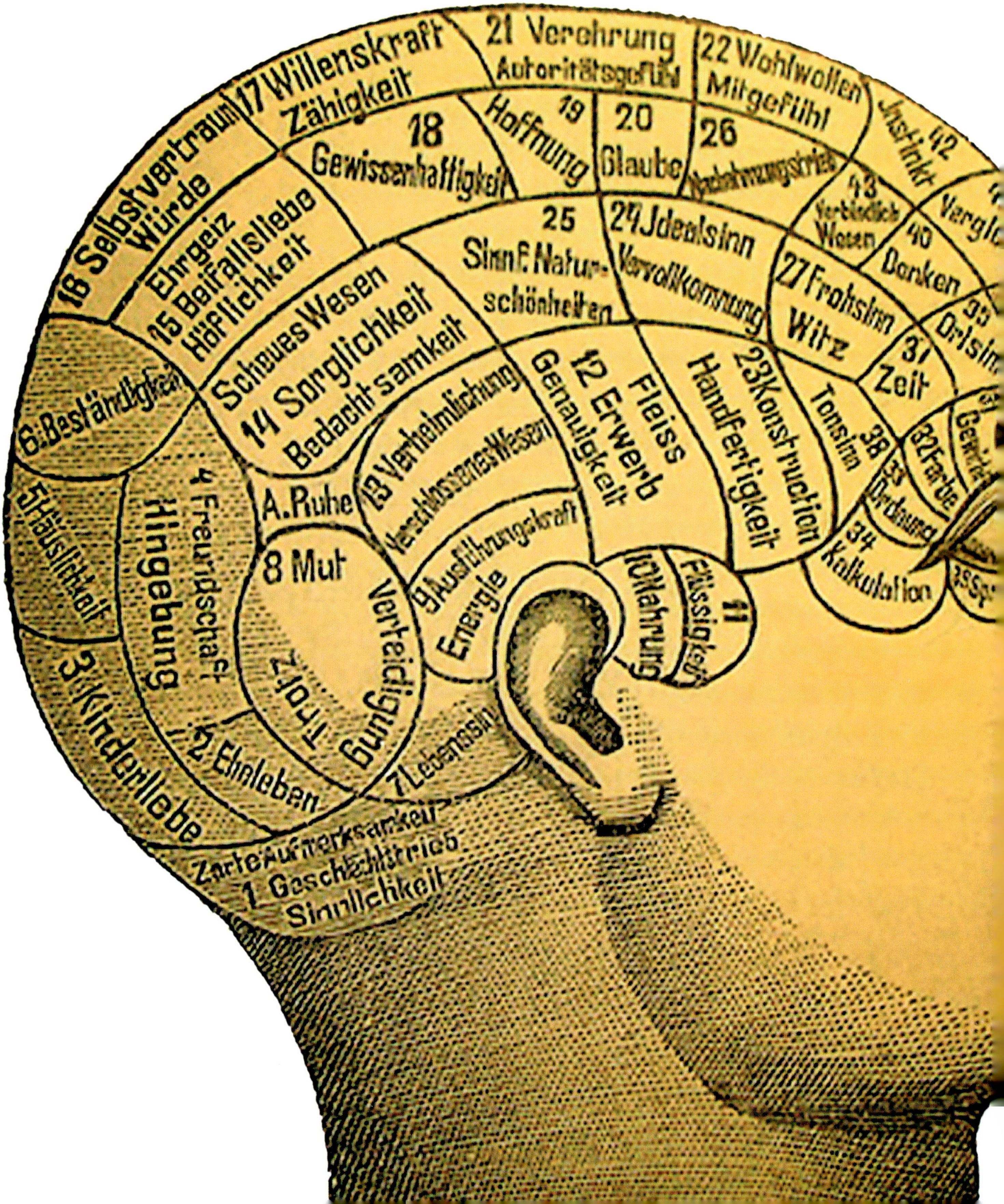

21 Verehrung
Autoritätsgefühl
22 Wohlwollen
Mitgefühl
17 Willenskraft
Zähigkeit
18
Gewissenhaftigkeit
19
Hoffnung
20
Glaube
26
Instinkt
42
Würde
Ehrgeiz
15 Beifallsliebe
Höflichkeit
25
Sinn f. Natur-
schönheiten
24 Idealsinn
Vervollkommnung
43
Verbindlich
Wesen
40
Denken
27 Frohsinn
Witz
37
Zeit
Schaues Wesen
14 Sorglichkeit
Bedachtsamkeit
6. Beständigkeit
12 Erwerb
Genauigkeit
Fleiss
23 Konstruction
Handfertigkeit
Tonsinn
38
13 Verheimlichung
Verschlossenes Wesen
32 Farbe
Ordnung
34
Kalkulation
A. Ruhe
4 Freundschaft
Hingebung
5 Häuslichkeit
8 Mut
Verteidigung
Trotz
Energie
10 Nahrung
Flüssigkeit
11
3. Kinderliebe
2. Eheleben
7 Lebenssinn
Zarte Aufmerksamkeit
1. Geschlechtstrieb
Sinnlichkeit

GEDÄCHTNIS UND INDIVIDUELLE ERINNERUNG

„Wir sind, was wir erinnern" – das gilt für den Einzelnen ebenso wie für Familien und ganze Gesellschaften. Durch den Rückgriff auf Erfahrungen, die wir in der Vergangenheit gemacht haben, versichern wir uns darüber, wer wir sind und für welche Werte wir stehen.

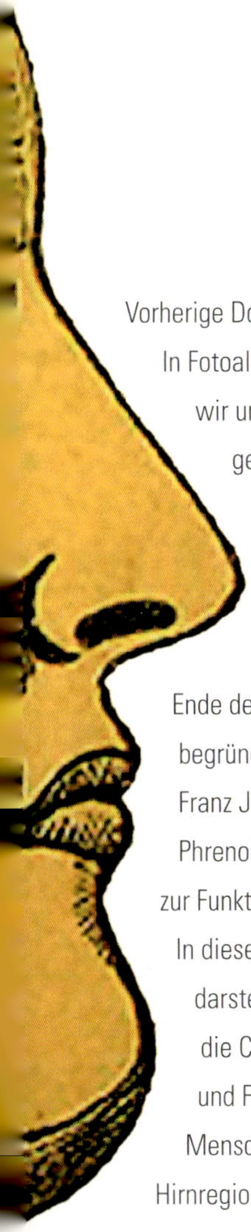

Vorherige Doppelseite: In Fotoalben bewahren wir unsere Erinnerungen an Menschen, Orte und besondere Ereignisse.

Ende des 18. Jahrhunderts begründete der Mediziner Franz Joseph Gall die Phrenologie, eine Lehre zur Funktion des Gehirns. In dieser Schädeldarstellung ordnet er die Charakteranlagen und Fähigkeiten des Menschen bestimmten Hirnregionen zu.

Die mit der individuellen Erinnerung befasste Gedächtnispsychologie spricht in diesem Zusammenhang von „autobiografischen Erinnerungen", die stets von der Gegenwart aus auf die eigene Vergangenheit blicken. Was wir im Gedächtnis behalten, orientiert sich an den Interessen und Bedürfnissen des „Hier und Heute". So kommt es beispielsweise, dass wir uns erst dann genauer auf unsere Kindheit besinnen, wenn wir selbst Kinder haben, oder dass wir in verschiedenen Lebensabschnitten unsere Lebensgeschichte unterschiedlich erzählen. Erinnerung bezieht sich also auf Vergangenes, ist aber eine Aktivität, die ganz und gar in der Gegenwart stattfindet. Schon im 17. Jahrhundert betonte der englische Philosoph John Locke in seinem Essay über den menschlichen Verstand, dass es sich bei dieser Form des Erinnerns um die Voraussetzung für die Herausbildung von Identität handelt. Es schafft ein Bewusstsein für die Kontinuität unseres Ichs.

Erzählungen sind ein wesentlicher Bestandteil solcher Erinnerungen. Narrationen ermöglichen und erfordern es, aus der übergroßen Fülle des vergangenen Geschehens einige wenige Aspekte auszuwählen und sie zu einem sinnvollen Gefüge zusammenzustellen, in dem einzelne Ereignisse logisch aufeinander folgen. Insofern ist jede Erzählung ein Konstrukt, immer Interpretation und nie ein Abbild der Vergangenheit. Das ist kein Mangel, sondern vielmehr die Voraussetzung für Sinnstiftung und – wie der Kulturwissenschaftler Jörn Rüsen betont – Orientierung in der Zeit. Wem es gelingt, Erfahrungen in eine kohärente Erzählung zu überführen, der kann hieraus nicht nur ein verständliches Bild der Vergangenheit ableiten und Erklärungen dafür, wie es zu den gegenwärtigen Verhältnissen kam, sondern auch Visionen für die Zukunft.

Die Erinnerungen von Soldaten aus dem Zweiten Weltkrieg sind oft mit Bildern und Erzählungen von Kameraden vermengt.

KOLLEKTIVES GEDÄCHTNIS

Am Beginn des vergangenen Jahrhunderts machte der französische Soziologe Maurice Halbwachs darauf aufmerksam, dass viele Prozesse und Funktionen, die das individuelle Gedächtnis auszeichnen, wie etwa die Bildung von Erzählungen über die Vergangenheit, Gegenwartsbezogenheit, Orientierung in der Zeit, Selektivität, Konstruktion, Identitätsstiftung, Etablierung von Normen und Werten auch für das „kollektive Gedächtnis" Gültigkeit beanspruchen können. In seinen beiden wichtigsten Werken zum Thema, *Les cadres sociaux de la mémoire* von 1925 und *La mémoire collective* von 1950, argumentiert Halbwachs, dass es individuelle Erinnerung im strengen Sinne gar nicht gebe. Denn so, wie sich jeder Mensch in sozia-

Kindheitserinnerungen sind stark durch äußere Einflüsse geprägt, sei es durch Fotografien oder durch Familienerzählungen.

Die 2001 beim Verlag C. H. Beck erschienene Publikation *Deutsche Erinnerungsorte* beinhaltet Begriffe wie „Führerbunker", „Goethe", „Flucht und Vertreibung" sowie mit europäischen Nachbarn geteilte Erinnerungsorte wie „Versailles".

len Kontexten bewege, sei auch jede individuelle Erinnerung „sozial gerahmt". Tatsächlich hat die neuere Gedächtnisforschung gezeigt, dass Kindheitserinnerungen häufig durch Familienfotos und Erzählungen der Eltern geprägt sind. Kriegsveteranen vermischen in der eigenen Erinnerung oft Selbsterlebtes mit Anekdoten, die ihnen von Kameraden zugetragen wurden, und sogar mit Episoden, die aus Spielfilmen stammen. Halbwachs' Begriff der „sozialen Rahmen" bezieht sich in diesem Zusammenhang auf zweierlei: erstens, im wörtlichen Sinne, auf die Menschen, die uns umgeben und uns dabei helfen, unsere Erinnerungen abzurufen, sie dabei allerdings auch stark mitformen; und zweitens, bildlich gesprochen, auf die sozial geprägten, meist narrativen „Rahmungen" oder Schemata, mit deren Hilfe wir das Rohmaterial vergangener Erfahrung zu sinnvollen Geschichten verarbeiten.

Das kollektive Gedächtnis ist für Halbwachs ein innerhalb von sozialen Gruppen geteilter Vorrat an Geschichten über die Vergangenheit. Zudem betont er, dass dieses kollektive Gedächtnis nicht mit der Geschichte zu verwechseln ist, sondern stattdessen – in den Worten des Gedächtnisforschers Jan Assmann – „identitätskonkret" und „rekonstruktiv" verfährt. Erinnert wird also nur, was für die Gruppe und ihr Selbstbild im gegenwärtigen Moment als relevant erscheint. Auf diese Weise stellen soziale Gruppen kollektive Identitäten her und grenzen sich dabei zugleich von anderen Gruppen ab.

Halbwachs untersucht das kollektive Gedächtnis der Familie, sozialer Klassen und Religionsgemeinschaften. Über die Nation schreibt er nicht. Diese Lücke schließt erst 60 Jahre später der Historiker Pierre Nora mit seiner von 1984 bis 1992 publizierten Kartierung der französischen „Erinnerungsorte" *(Les lieux de mémoire)*. Dazu zählen konkrete Orte, aber auch Texte, Bilder, Lieder oder Redewendungen, in denen sich das nationale Gedächtnis kristallisiert und über die sich nationale Identität formiert.

Bilder von der Öffnung der Berliner Mauer am 9. November 1989 haben sich in das kollektive Gedächtnis der Deutschen eingebrannt und prägen es bis heute.

MYTHEN ALS KOLLEKTIVE ERZÄHLUNGEN

Trotz dieser traditionsreichen und mittlerweile weitverbreiteten Rede über das kollektive Gedächtnis muss doch festgehalten werden: Ein Kollektivgedächtnis im Sinne eines von individuellem Geist und Gehirn abgegrenztes, gleichsam über uns schwebendes Gebilde gibt es nicht. Worum es vielmehr geht, ist ein für bestimmte soziale Gruppen oder Gesellschaften typisches Repertoire von Erzählungen über die Vergangenheit – Erzählungen, die die meisten Mitglieder der Gruppe kennen und die sie als relevant erachten, – selbst wenn sie sie im Detail unterschiedlich ausgestalten oder sich sogar über ihre Bedeutung streiten würden.

Solche kollektiv relevanten Erzählungen über die Vergangenheit sind „Mythen". Aus Sicht der Gedächtnisforschung können diese nicht „falsch" sein, auch wenn sie historisch inkorrekt sein mögen. Vielmehr handelt es sich bei Mythen um einen zentralen Mechanismus von Kultur. Der Ägyptologe und Gedächtnisforscher Jan Assmann erläutert dies 1992 in seinem Buch *Das kulturelle Gedächtnis. Schrift, Erinnerung und politische Identität in frühen Hochkulturen*: „Mythos ist eine Geschichte, die man sich erzählt, um sich über sich selbst und die Welt zu orientieren, eine Wahrheit höherer Ordnung, die nicht einfach nur stimmt, sondern darüber hinaus auch normative Ansprüche stellt und formative Kraft besitzt."

Mythen entstehen nicht von selbst. Sie sind auch nicht einfach ein für alle Mal da. Vielmehr sind Mythen menschengemacht und müssen durch ständiges Wieder- und Weitererzählen lebendig gehalten werden. Weil solche Erzählungen immer medial vermittelt sind – sei es mündlich, schriftlich oder bildlich – wandern Mythen

„Diese Erinnerungsfiguren oder Erinnerungsorte entstehen nicht von selbst, […] sie werden aus den Sinnbedürfnissen einer späteren Gegenwart rückwirkend rekonstruiert. Dann erst erfüllen sich die geschichtlichen Spuren der Vergangenheit mit Sinn und Bedeutung […] und entfalten ihre orientierende Strahlkraft. Jede Zeit braucht ihre Erinnerungsfiguren oder Mythen."
Jan Assmann, Kulturwissenschaftler, 2004

Links: In Berlin erinnert das von 2003 bis 2005 erbaute Denkmal für die ermordeten Juden Europas an den Holocaust.

Rechts: In der 1953 entstandenen Gedenkstätte Yad Vashem in Jerusalem wird in der „Halle der Namen" an die „Märtyrer und Helden des Staats Israel im Holocaust" erinnert.

mit der Zeit durch die verschiedenen, in einer Gesellschaft verfügbaren Medien. Das „Wunder von Bern" etwa findet sich als mythische, nationale Identität stiftende Narration im Fernsehen, in mündlichen Erzählungen der Zeitzeugen, in Memoiren und Romanen, in Spielfilmen und zunehmend auch im Internet. Die Gedächtnisforschung nennt diesen Prozess „Remedialisierung" und zeigt, wie jede erneute Medialisierung in einer sich wandelnden Erinnerungskultur auch die Akzente der mythischen Erzählung verschiebt.

Mythen „wandern" also. Sie tauchen auf, tauchen ab, bewegen sich über vermeintliche Grenzen hinweg. Anders als es Begriffe wie „Erinnerungsorte" nahelegen, sind Mythos, Gedächtnis und Identität nicht statisch. Sie sind nicht ein für alle Mal an *ein* Medium, an *eine* Bedeutung, ein Kollektiv oder *einen* Ort gebunden. Ganz im Gegenteil erscheinen sie höchst dynamisch und beweglich. Gerade die im Verlauf des 20. und 21. Jahrhunderts immer machtvoller gewordenen Formen der medialen Verbreitung von Erinnerungserzählungen (etwa durch Spielfilme und das Internet) haben dazu geführt, dass nationale Mythen entgrenzt sind, also weiterwandern und auch an entfernten Orten Wirkung entfalten können. So hat der amerikanische Mythos des „Wilden Westens" ganze Generationen von europäischen Fernsehzuschauern geprägt. Umgekehrt hat die neuere deutsche Arbeit am nationalen Mythos in Literatur und Kino – zum Beispiel Bernhard Schlinks *Der Vorleser* von 1995 oder Florian Henckel von Donnersmarcks Film *Das Leben der Anderen* von 2006 – etwa auch in China ein interessiertes Publikum gefunden.

DIE „MYTHEN DER ANDEREN"

Wenn solche Bewegungen dazu führen, dass die „Mythen der Anderen" produktiv aufgenommen werden und die eigene Erinnerungspraxis in neue Bahnen lenken, Empathie hervorrufen, transnational Solidarität stiften und neue Verknüpfungen zwischen den Erinnerungskulturen verschiedener Gesellschaften erzeugen, spricht die Gedächtnisforschung, allen voran Michael Rothberg in seiner 2009 erschienenen Untersuchung *Multidirectional Memory: Remembering the Holocaust in the Age of Decolonization* von „transkultureller" oder „multidirektionaler Erinnerung". Gerade die Arbeit am Mythos im neuen Europa ist häufig um Transkulturalität in diesem Sinne bemüht. Wenn Bundeskanzler Gerhard Schröder im Juni 2004 als erstes deutsches Regierungsoberhaupt zu den Feierlichkeiten anläßlich des D-Days, dem Jahrestag der Landung der Alliierten in der Normandie, nach Frankreich eingeladen wird und wenn sich im Gegenzug der französische Staatspräsident Nicolas Sarkozy im November 2009 zum 20. Jahrestag des Falls der Mauer bei den Gedenkfeiern in Berlin einfindet, dann bedeutet dies eine wechselseitige Anerkennung der nationalen „Mythen der Anderen". Durch die Partizipation an der Tradierung dieser Mythen,

Bundeskanzler Gerhard Schröder erhält 2004 die Einladung, den Soldatenfriedhof von Ranville zum 60. Jahrestag der Landung alliierter Truppen in der Normandie zu besuchen. In seiner Ansprache würdigt er die europäische Partnerschaft.

an Gedenkritualen also, entsteht die Möglichkeit, die Perspektive zu wechseln: Sarkozy blickt vom Brandenburger Tor aus auf die deutsche Einigung, Schröder vom Strand der Normandie auf die Landung der Alliierten und die Leistung des französischen Widerstands.

Die Dynamik nationaler Mythen zeigt sich aber nicht nur in ihrer grenzüberschreitenden Bewegung, sondern auch *innerhalb* der deutschen Gesellschaft. Das Einwanderungsland Deutschland entdeckt gerade die Ankunft der ersten Gastarbeiter in den 1950er Jahren als nationalen Mythos. Bekannte Filmemacher wie Fatih Akin erzählen bereits seit Jahren türkisch-deutsche Mythen. Viele Deutsche, die nach dem Zweiten Weltkrieg Flucht und Vertreibung erlebt haben, nehmen die aktuelle „Flüchtlingskrise" vor dem Hintergrund ihrer eigenen Lebenserfahrung wahr und entwickeln so durch „transkulturelles Erinnern" in dieser hochkomplexen Situation Empathie. Integration hängt immer auch ab von der Öffnung des mythischen Repertoires einer Gesellschaft für die Geschichten von Migration – aber auch umgekehrt, von der Partizipation möglichst vieler Einwandererfamilien an der Arbeit an den nationalen Mythen.

Die Einsicht, „Wir sind, was wir erinnern", eröffnet, so gesehen, einen überraschend weiten Möglichkeitsraum. Sie birgt ein großes gestalterisches Potenzial, ist aber auch mit beträchtlicher Verantwortung verknüpft. Mit Blick auf die Zukunft der deutschen Mythen wäre sie zu formulieren als: „Wir können werden, was wir uns zu erinnern wagen."

Zum 20. Jahrestag des Mauerfalls am 9. November 2009 symbolisieren fallende Dominosteine die Öffnung der innerdeutschen Grenze.

Anne-Maike Ewert

„Land der Dichter und Denker“

Deutschland, das „Land der Dichter und Denker“ – bei dieser Etikettierung denken viele an Goethe, Schiller, Kant oder die Gebrüder Grimm. Diese und 13 weitere Namen sind auf der Großplastik *Der moderne Buchdruck* zu finden, die 2006 im Rahmen des „Walk of Ideas“ in Berlin aufgestellt wurde. Sie sollte an die Erfindung des Buchdrucks durch den Mainzer Johannes Gutenberg erinnern. Der riesige Bücherstapel aus Kunststoff war im Original 12,20 Meter hoch und stand während der Fußballweltmeisterschaft auf dem Bebelplatz gegenüber der Humboldt-Universität, einem bewusst gewählten Ort, der für die kulturelle Bildung steht. Zugleich war er 1933 Schauplatz der Bücherverbrennung durch die Nationalsozialisten: Das „Volk der Dichter und Denker“ hatte sich damit, wie der österreichische Schriftsteller Karl Kraus erstmals 1908 formuliert hatte, in ein „Volk der Richter und Henker“ verwandelt. Auch an diese dunkle Seite der deutschen Geschichte sollte mit der Standortwahl erinnert werden.

Von Mai bis September 2006 steht die Skulptur *Der moderne Buchdruck* vor der Humboldt-Universität in Berlin.

Der „Walk of Ideas“ war Teil der Initiative „Land der Ideen“ der Bundesregierung und der deutschen Industrie, die zur Fußballweltmeisterschaft 2006 die Stärken des Wirtschafts- und Wissenschaftsstandorts Deutschland betonen sollte. So fanden sich unter den weiteren Plastiken ein überdimensionaler Fußballschuh, ein Automobil, eine Tablette für Meilensteine in der Medizin, Noten für Meisterwerke der Musik und die Formel $e=mc^2$ als Würdigung der Relativitätstheorie Albert Einsteins. Allerdings gab es Kritik daran, dass einige Skulpturen zu deutlich auf bestimmte Firmen verwiesen, was als Schleichwerbung gedeutet wurde.

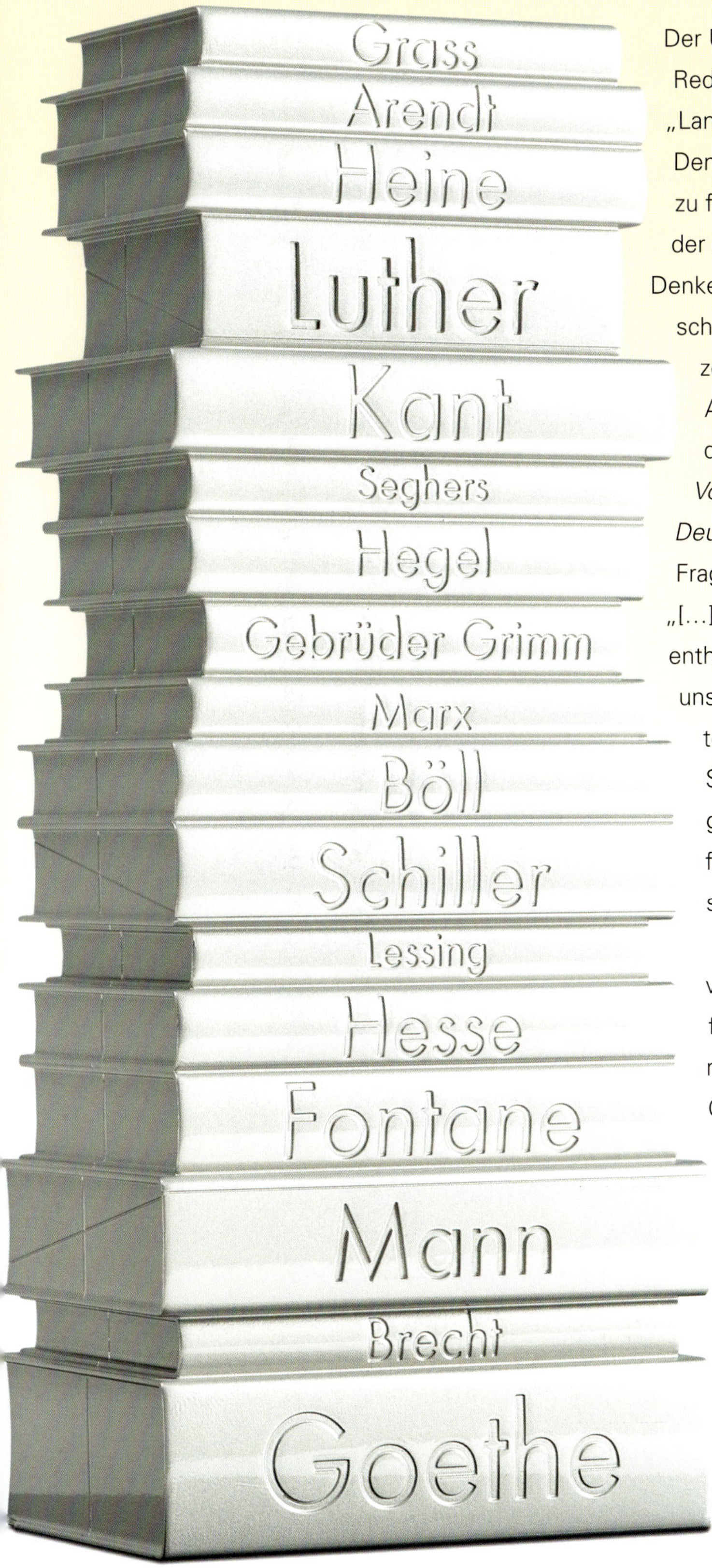

Der Ursprung der Redewendung vom „Land der Dichter und Denker" ist schwer zu finden. Der erste, der das Dichten und Denken als typisch deutsche Tätigkeiten bezeichnete, war Karl August Musäus, der 1782 seine *Volksmärchen der Deutschen* mit der Frage einleitete: „[…] was wäre das enthusiastische Volk unserer Denker, Dichter, Schweber, Seher ohne die glücklichen Einflüsse der Fantasie?"

Am häufigsten wird jedoch die französische Autorin Anne Louise Germaine de Staël als Urheberin genannt. Sie bereiste Deutschland 1803 und suchte den Kontakt zu den großen Schriftstellern ihrer Zeit – unter anderem zu Goethe und Schiller, die sie in Weimar kennenlernte. In ihrem Buch *De l'Allemagne* setzte sie mit ihrer Darstellung der friedliebenden und musischen Deutschen bewusst ein Gegenbild zu den Franzosen, die sie unter der Herrschaft Napoleons als zu militaristisch empfand. Das Buch wurde ein großer Erfolg; es prägt das Bild von den Deutschen bis heute.

Bildung war für die Deutschen, die im 19. Jahrhundert wirtschaftlich und militärisch hinter den anderen europäischen Staaten zurückstanden, ein wichtiges Gut. Die Vorstellung, ein „Land der Dichter und Denker" zu sein, einte die in vielen verschiedenen Herzog- und Fürstentümern, Königreichen und Hansestädten lebenden Deutschen – zumindest als Kulturnation.

Die Bezeichnung „Land der Dichter und Denker" kursiert bis heute und stellt damit ein seltenes Beispiel für die Kontinuität einer mythischen Erzählung dar, die sogar die Zäsur des Jahrs 1945 überstand – eben weil sie aus einem politikfernen Kontext stammt.

Das Modell der Skulptur:
Das Design der Kampagne sowie der Plastiken wurde von der Berliner Agentur Scholz & Friends Identify erdacht und umgesetzt.

Herfried Münkler

MYTHENSCHNITT 1945 – ABGEBROCHENE TRADITIONEN DEUTSCHER MYTHEN

SATZABBRUCH ALS MYTHENSCHNITT

„Wanderer,

kommst du nach Sparta, verkündige dorten,

du habest uns hier liegen gesehen,

wie das Gesetz es befahl."

Vorherige Doppelseite: Die Propagandapostkarte von 1933 soll zeigen, dass Adolf Hitler in der politischen Tradition von König Friedrich dem Großen und Reichskanzler Otto von Bismarck steht.

Links: Bronzedenkmal für Leonidas, den König der Spartaner, der 480 v. Chr. bei der Thermopylenschlacht starb.

Wanderer, kommst Du nach Spa... – Heinrich Bölls 1950 veröffentlichte Kurzgeschichte handelt von einem Gymnasiasten, der nach einem Einsatz in den letzten Kriegstagen schwer verwundet in seine inzwischen als Lazarett genutzte ehemalige Schule zurückgebracht wird. Dort findet er sich in seinem früheren Klassenzimmer wieder und entdeckt an der Tafel den Zweizeiler, der in der letzten Unterrichtsstunde behandelt wurde: „Wanderer, kommst du nach Sparta, verkündige dorten, du habest uns hier liegen gesehen, wie das Gesetz es befahl." Diese Worte stehen steht für die heroische Seite des deutschen Griechenmythos; aber in Bölls Kurzgeschichte ist er nicht mehr ausgeschrieben, sondern endet abrupt, wie abgeschnitten, mitten im Wort.

Es sind die Gefallenen der Thermopylenschlacht, über deren Heldentod der Wanderer berichten soll; heroisch und trotzig seien sie gefallen, ganz den Normen und Erwartungen der spartanischen Gesellschaft entsprechend; sie haben den Kampf um den Engpass zwar nach hartem Widerstand verloren, aber sie wissen, dass der Krieg am Ende gewonnen werden wird, und erwarten die Anerkennung ihres Anteils am „Endsieg". Das Opfer, so die implizite Botschaft des Texts, hat sich gelohnt, war vielleicht sogar der entscheidende Beitrag zur Rettung des Vaterlands – in diesem Sinn dürfte der Zweizeiler am letzten Schultag des nunmehr schwer verwundeten Gymnasiasten interpretiert worden sein. Aber die Tafel hatte nicht ausgereicht, um den Satz zu Ende zu schreiben. Deswegen bricht er ab, und der Abbruch des Satzes steht für den abgebrochenen Spartanermythos in all seinen Varianten: Das Versprechen des schließlich doch errungenen Siegs hat sich als falsch erwiesen, die durch den Mythos motivierten Opfer waren sinnlos. Was geblieben ist, sind Tote und Schwerverwundete. Die Botschaft, die von ihnen ausgeht, lautet, der Spartanermythos, der aus idealistisch gesonnenen jungen Männern todesmutige Helden machen soll, sei nichts als Lug und Trug. Bölls Kurzgeschichte ist der Inbegriff des Mythenschnitts, der sich 1945 im deutschen Selbstbewusstsein vollzogen hat.

Mythenschnitt heißt, dass narrative Traditionsbestände, die bis dahin als sinnstiftend und identitätsverbürgend galten, nicht länger genutzt werden – weil sie sich als politisch verhängnisvoll erwiesen haben oder weil sie unter den nunmehr vorherrschenden politischen Rahmenbedingungen nicht mehr fortgesetzt werden können. Die Redewendung vom „Schnitt“ legt nahe, dass sich das Ende einer Erzähl- und Sinnstiftungstradition plötzlich und mit einem Mal vollzogen habe und dass es, wenn der Schnitt glatt und vollständig gewesen ist, weder Fetzen noch Fäden gibt, über welche die früheren Gründungs- und Orientierungserzählungen weiterhin in die gegenwärtige Sinnstiftung und deren Bezüge hineinreichen. Das mag in der Retrospektive so erscheinen, in der unmittelbaren Gegenwart des Mythenschnitts ist es aber keineswegs so: zum einen, weil nur einige Denkmale und Erinnerungszeichen, die als ikonische Verdichtungen der alten Mythen zu verstehen waren, etwa der Erzählungen von Hermann/Arminius, Barbarossa oder Bismarck, gesprengt oder abgebaut wurden, während andere stehen geblieben sind, die in der Regel nicht mehr als politische Symbole, sondern als touristische Attraktionen angesehen wurden, wie das Hermannsdenkmal im Teutoburger Wald oder das Kyffhäuserdenkmal am Rande des Harz. Zum anderen ändern sich die durch die alten Mythen geprägten Mentalitäten nicht so schnell, wie es der Begriff „Mythenschnitt“ nahelegt, sondern sie dauern fort, nicht mehr mit der politischen Kraft von früher, aber doch noch als Bewahrer von geschichtlichen Erinnerungen und politischen Wertungen.

Bierkrug mit Kyffhäuserdenkmal.

KAISER BARBAROSSA, SIEGFRIED UND HERMANN

Mythenschnitt heißt also, dass bestimmte kulturelle Traditionsbestände von nun an im politischen Kontext nicht mehr nutzbar sind. Die mit ihnen verbundene Botschaft ist politisch unerwünscht, wenn nicht gar unzulässig. Das galt nach 1945 vor allem für den Reichsgedanken, also die Idee einer deutschen Vorherrschaft in und über Europa, sowie für alle mit dem Mythos des Reichs verknüpften Einzelmythen. Zu diesen gehörte auch die Erzählung von Kaiser Friedrich Barbarossa, der in einer Berghöhle, im Kyffhäuser oder im Untersberg, schlafe und dereinst zurückkommen werde, um das Reich in seiner ganzen Macht und Herrlichkeit wiederherzustellen. Der Mythos vom wiederkehrenden Kaiser findet sich bereits im 15. Jahrhundert und entwickelt sich im 19. Jahrhundert zum Bild der Hoffnung auf die politische Einigung Deutschlands und die Bildung einer stolzen Macht. Reichskanzler Otto von Bismarck war zwar gegenüber der staufischen Reichsidee auf Distanz geblieben, aber dafür hatte eine Reihe von Literaten und Gelehrten das 1871 gegründete Deutsche Reich umso entschiedener in die staufische Tradition gestellt – und es damit als Oberaufsicht über Europa zu etablieren versucht. Mit Barbarossa verband sich die Vorstellung, dass das seinerzeit noch schwache Deutschland wieder erstarken, seine Feinde und Widersacher niederringen und eine neue Ordnung in Europa errichten werde. Nichts lag 1945 politisch ferner als eine solche Vorstellung. Also verschwand der Stauferkaiser Friedrich mehr und mehr aus dem kollektiven Gedächtnis der Deutschen oder wurde, wenn er dort weiterhin präsent war, aus dem politischen Teil des Kollektivgedächtnisses in dessen kulturellen Teil überstellt. Die Sagen und Gedichte um Kaiser Friedrich Barbarossa wurden entpolitisiert.

„[...] bis alle unsere Feinde bleichen!“: Patriotischer Gruß vom Hermannsdenkmal, der Anfang des 20. Jahrhunderts produziert wurde.

Dem Helden Siegfried aus dem *Nibelungenlied* und dem Cheruskerfürsten Hermann/Arminius ist es so ähnlich ergangen: Mit der Wiederentdeckung des *Nibelungenlieds* hatte die politische Karriere der literarischen Gestalt Siegfrieds begonnen, und durch Richard Wagners Verarbeitung des Stoffs in *Der Ring des Nibelungen* (1848–1874) hatte sich

Siegfried noch enger mit Deutschland verbunden. Im Deutsch-Französischen Krieg 1870/71 hatte Wagner dann das deutsche Heer als „Siegefried“ bezeichnet. Nach dem Ersten Weltkrieg hatte man in nationalkonservativen Kreisen die deutsche Niederlage mit einem „Dolchstoß in den Rücken des im Felde besiegten Heeres“ erklärt, und am Ende der Weimarer Zeit wurde die von Wagner entfaltete Vorstellung von dem im Wald verborgenen Siegfried, der sein Schwert neu schmiedet, zur Chiffre für das sich erneuernde Deutschland. Bayreuth mit seinen Festspielen war der Ort, an dem das Reich neu geschmiedet wurde, und nicht wenige sahen in dem regelmäßigen Bayreuthbesucher Adolf Hitler den neuen Siegfried der Deutschen. Daher war im Jahr 1945 der Siegfriedmythos schwer kontaminiert und musste politisch unter Kuratel gestellt werden.

Adolf Hitler am 26. Juli 1938 auf dem Balkon des Festspielhauses in Bayreuth.

Aber schon im Zweiten Weltkrieg war Siegfried als Zentralfigur des Nibelungenmythos von Hagen abgelöst worden, dessen trotziger Kampf in Etzels Halle zur Symbolisierung der militärischen Lage Deutschlands wurde. Am zehnten Jahrestag der nationalsozialistischen „Machtergreifung“ 1943 verglich Hermann Göring die Schlacht in Stalingrad mit dem Endkampf der Nibelungen in der Burg der Hunnen – daneben nahm er auch auf die Thermopylenschlacht Bezug – und zog daraus den kühnen Schluss, dass Deutschland zuletzt den „Endsieg“ erringen werde. Beide, Siegfried und Hagen, waren mythische Gestalten, bei denen sich also nach 1945 jede politische Anknüpfung verbot. Das galt nicht weniger für die Gestalt des Hermann/Arminius, den Anführer eines germanischen Stämmebündnisses gegen die weitere Expansion des Römischen Reichs, der zu Beginn des 19. Jahrhunderts zu einem Mythos des antinapoleonischen Widerstands ausgestaltet worden war und darum eine stark antifranzösische Prägung hatte. Der Hermannmythos stand einer deutsch-französischen Aussöhnung im Wege, und insofern lag nahe, dass man ihn historisierte und dadurch entpolitisierte. Siegfried wurde wieder eine Gestalt der Literatur oder der Oper, bei der es vor allem um die sängerische Leistung ging, und Hermann/Arminius wurde auf die historische Figur zurückgeführt, als die er von römischen Historikern überliefert worden ist. Auch das sind Varianten des Mythenschnitts. War die Mythenbildung zu Beginn des 19. Jahrhunderts durch eine Absenkung der Trennwand zwischen kulturellen Zeugnissen und politischen Erfordernissen entstanden, so erfolgte der Mythenschnitt nach dem Ende des Zweiten Weltkriegs durch die Wiedererrichtung und Erhöhung dieser Trennwand.

DAS VOLK DER DICHTER UND DENKER?

Mythenschnitt heißt also, dass alle historischen und literarischen Gestalten, die zu Beginn des 19. Jahrhunderts nach dem Zusammenbruch des alten Reichs zu Bürgen des deutschen Wiederaufstiegs avanciert waren, wieder auf ihr ursprüngliches Format zurückgeführt wurden: Die mit ihnen verbundenen Hoffnungen und Erwartungen hatten sich als trügerisch erwiesen oder in den Abgrund geführt; wer sich auf sie verlassen hatte, war ins Unglück geraten und hatte dabei andere mitgerissen. Hermann, Barbarossa und Siegfried verschwanden gleichwohl nicht gänzlich aus dem kollektiven Gedächtnis der Deutschen, aber ihre Relevanz wurde nun streng auf den kulturellen Bereich beschränkt. Jenseits dessen hatten sie in der Politik nichts mehr zu suchen. Der zuvor immer wieder vollzogene Sprung aus dem individuellen in den öffentlichen Bezugsrahmen war von nun an so gut wie nicht mehr möglich. Mythenschnitt bedeutet deswegen auch, dass Traditionsbestände des kollektiven Imaginationsfelds individualisiert werden und damit ihre vorherige Verbindlichkeit und Vorbildlichkeit verlieren. Sie bedeuten nichts mehr, verweisen nicht mehr auf ein anderes und

Vor dem Weimarer Theater steht Ernst Rietschels 1857 eingeweihtes Bronzestandbild für die beiden berühmtesten Dichter Deutschlands.

sind nicht länger Vorankündigungen einer großen Zukunft. Sie müssen von nun an sich selbst genügen.

Lief der Mythenschnitt von 1945 also darauf hinaus, dass sich das deutsche Selbstbewusstsein mitsamt seinen Traditionsbeständen aus dem Politischen zurückzog und aufs Kulturelle beschränkte? In einigen Bereichen war das tatsächlich der Fall, in beiden Teilen Deutschlands, in der sowjetischen Besatzungszone ebenso wie in den Westzonen, aus denen dann die Bundesrepublik Deutschland entstand. Politische und militärische Macht hatte man keine mehr, aber zumindest besaß man die alten Mythen; in Literatur und Musik war man nach wie vor eine Großmacht: Goethe und Schiller, Bach und Beethoven – wer konnte da schon mithalten? Bei genauerer Betrachtung war das Kulturelle nicht die Alternative zum Politischen, sondern dessen Rückzugsbasis, sozusagen das Versteck der politischen Dominanzansprüche, die einstweilen in der Bescheidenheit des rein Geistigen auftraten. Was auch immer sich ereignet haben mochte: Man war und blieb das „Volk der Dichter und Denker". Als in späteren Jahren diese Rückzugsposition von kritischen Intellektuellen durchschaut wurde, stellten sie auch dies infrage, indem sie mit Blick auf die Verbrechen des Nationalsozialismus vom „Volk der Richter und Henker" sprachen.

Es war somit kein Zufall, dass eine der Kontroversen zwischen Bundesrepublik und DDR um ein neues Selbstverständnis der Deutschen in der unterschiedlichen Ausdeutung eines der zentralen literarischen Mythen ausgetragen wurde: in der um die Figur des Faust. Wer war dieser Faust? War der Pakt mit dem Teufel, den er eingegangen war, um sein Wissen zu erweitern und Macht zu gewinnen, ein Sich-Einlassen der Künstler und Intellektuellen auf die Politik, wie Thomas Manns 1947 erschienener Roman *Doktor Faustus* gelesen werden kann? Oder bestand das Problem der in der Faustgestalt versinnbildlichten deutschen Intellektuellen gerade darin, dass sie vor lauter Grübelei über die Welträtsel den Weg in die Politik nicht gefunden, also in den entscheidenden Kämpfen nicht an der Seite der Bauern und Arbeiter gestanden hatten, wie es Hanns Eislers 1952 für die DDR geschriebenes Stück *Johann Faust* nahelegt? Die Kontroverse um die Bedeutung des Faustmythos für das Selbstverständnis der Deutschen hat exemplarischen Charakter: Sollten sich die Intellektuellen, selbst Mythenbildner erster Güte, aus der Politik heraushalten, oder sollten sie in ihr Partei ergreifen? Dass diese Debatte anhand des Faustmythos geführt wurde, relativiert noch einmal die Beobachtung eines Mythenschnitts: Es wurde auf den Mythenbestand der Vergangenheit zurückgegriffen, aber die Richtung, in welche die Debatte geführt wurde, war eine deutlich andere als in der Vergangenheit.

Plakat für Hanns Eislers Oper *Johann Faustus*. Das Libretto erscheint 1952 im Aufbau Verlag, die Uraufführung findet erst 1982 im Berliner Ensemble in Ost-Berlin statt.

DER PREUSSENMYTHOS

Das Berliner Schloss diente als Hauptresidenz der preußischen Könige und deutschen Kaiser. Nach dem Zweiten Weltkrieg war das Gebäude nur noch eine Ruine, die die SED im September 1950 sprengen ließ, um dort später den Palast der Republik zu errichten.

Fast vollständig verschwand zunächst der Preußenmythos aus dem politischen Bezugs- und Orientierungssystem der Deutschen, sowohl im Osten als auch im Westen. Vom Berliner Stadtschloss bis zur Potsdamer Garnisonkirche hat der DDR-Staatsratsvorsitzende Walter Ulbricht die Zeugnisse Preußens sprengen lassen, um im Zentrum der Macht jede Erinnerung daran auszulöschen. Währenddessen verschwand in Westdeutschland Preußen aus der Erinnerung, als hätte es diesen Staat nie gegeben. Legendär ist Bundeskanzler Konrad Adenauers antipreußische Grundeinstellung, und so entstanden nach dem alliierten Kontrollratsbeschluss zur Auflösung Preußens vom Rheinland und Hessen bis nach Niedersachsen und Schleswig-Holstein neue regionale Identitäten. Nur noch die Namen von Fußballvereinen wie „Borussia Dortmund" erinnern an die einstigen Bezüge. Aber nach einiger Zeit stellte sich heraus, im Osten stärker als im Westen, dass man so ganz ohne den Preußenmythos doch nicht auskam: Friedrich II., genannt „der Große", erfuhr in der Publizistik der Bundesrepublik eine bemerkenswerte Renaissance, erlangte jedoch nie mehr den Status eines Orientierungsmythos, während in der DDR die preußischen Militärreformen und die antinapoleonischen Befreiungskriege durchaus zu einem politischen Mythos avancierten.

Im Westen dagegen hielt man sich, sieht man von der großen Europaerzählung einmal ab, von genuin politischen Mythen eher fern. Die Bundesrepublik ist ein politisch mythenarmes Land, was aber nicht heißt, dass sie keine mythischen Großerzählungen hatte, sei es das „Wunder von Bern" oder das „Wirtschaftswunder". Sie verbinden sich mit einem an jeden Einzelnen adressierten Wohlstandsversprechen, das an die Stelle eines kollektiven Versprechens der Aussicht auf Macht und Größe getreten ist. Von einer Vereinnahmung der Individuen durch den Staat, wie sie in den politischen Gründungsmythen der DDR erfolgte, kann hier nicht die Rede sein.

Anne-Maike Ewert

Der Cheruskerfürst als Gartenzwerg

„Als die Römer frech geworden, zogen sie nach Deutschlands Norden" und wurden dort von Hermann dem Cherusker in der Schlacht im Teutoburger Wald vernichtend geschlagen. So erzählt es ein Volkslied, das früher noch jedes Schulkind in Deutschland kannte.

In Detmold erinnert das 53,46 Meter hohe Hermannsdenkmal an die Varusschlacht im Jahr 9 n. Chr., die der weiteren Eroberung Germaniens durch die Römer ein Ende setzte.

Die Baugeschichte des von Ernst von Bandel entworfenen Hermannsdenkmals begann im 19. Jahrhundert, verlief aber nicht kontinuierlich. Nach ersten Sockelarbeiten im Jahr 1838 ruhte die Arbeit aus Geldmangel mehrere Jahrzehnte. Erst nach der Gründung des Deutschen Reichs 1871 wurde das Projekt wieder vorangetrieben und konnte schließlich 1875 eingeweiht werden. Die Finanzierung erfolgte größtenteils durch Spenden der Bevölkerung, des Deutschen Reichstags und der Familie der Hohenzollern, die mit Wilhelm I. den deutschen Kaiser stellte. Das Denkmal sollte nach außen, besonders gegenüber Frankreich, deutsche Stärke und nach innen Einheit symbolisieren. Die Inschrift auf Hermanns Schwert lautet „Deutsche Einigkeit meine Stärke – Meine Stärke Deutschlands Macht".

Denkmal zur Erinnerung an den Sieg der Germanen gegen die Römer bei der Schlacht im Teutoburger Wald im Jahre 9 n. Chr.

Die überlebensgroße Figur des Hermann trägt eine antike Rüstung und einen Flügelhelm, ein Schild steht zu seinen Füßen. Diese Attribute deuten auf Hermanns Lebensgeschichte hin: Der gebürtige Cherusker von adliger Abstammung hatte im römischen Heer als Führer germanischer Verbände Karriere gemacht. Er kam mit dem römischen Statthalter Varus nach Germanien, wechselte in seiner Heimat jedoch die Seiten, vereinte die germanischen Völker und führte sie in den Kampf. Nach dem Sieg im Teutoburger Wald versuchte er sich als Herrscher aller Germanen, wurde aber später von Verwandten ermordet.

Diese Geschichte wurde erst mit der Wiederentdeckung der Schriften des römischen Historikers Tacitus (um 58–120 n. Chr.) zur Zeit des Humanismus im 15. Jahrhundert bekannt. In der lateinischen Fassung lautete sein Name noch Arminius, im 16. Jahrhundert setzte sich allerdings die Bezeichnung Hermann durch, um seine germanische Herkunft kenntlich zu machen. Im Dunklen liegen fast alle Details seines Lebens und der Kämpfe um Germanien. So wurden früh Zweifel über den Ort der Schlacht laut. Mittlerweile ist aufgrund archäologischer Funde relativ sicher, dass die Schlacht nicht im Teutoburger Wald stattgefunden hat, sondern bei Kalkriese, nördlich von Osnabrück.

Mythos im Wandel

Im Laufe des 19. Jahrhunderts wurde die Hermannschlacht zu einem der Gründungsmythen der deutschen Nation stilisiert. Dazu trugen vor allem die *Hermann-Trilogie* von Friedrich Gottlieb Klopstock von 1769 und Heinrich von Kleists Drama *Hermannsschlacht* von 1808 bei. Doch die Blütezeit des Mythos begann erst nach der Gründung des Deutschen Reichs.

Während der Weimarer Republik vereinnahmten rechtsnationale Kräfte den Mythos Hermann – nun hielten Gruppen wie der „Jungdeutsche Orden" oder die „Deutsche Wehrschaft" am Denkmal ihre Versammlungen ab, weil sie die demokratische Republik ablehnten und einen Befreier nach dem Vorbild Hermanns herbeisehnten. Und schließlich stellten auch die Nationalsozialisten ihren „Führer" Adolf Hitler in eine Traditionslinie mit der Heldengestalt Hermann.

Nach dem Zweiten Weltkrieg war der Mythos so beschädigt, dass die Überlieferung in der Bundesrepublik weitgehend abbrach. Stattdessen wird Hermann heute als ein Paradebeispiel für die politische Instrumentalisierung von Mythen angeführt.

Als „Einiger der Germanen" hat Hermann heute keine Bedeutung mehr, sein Denkmal dient aber noch als Werbeträger für die Region Lippe-Detmold. Der „Zwermann", ein rund 40 Zentimeter großer Gartenzwerg in Gestalt des Hermann wurde im „Varusjahr" 2009, in dem sich die Schlacht im Teutoburger Wald zum 2.000. Mal jährte, auch als grüne Variante angeboten, die ihrem großen, mit Kupferplatten verkleideten Vorbild ähnelt. Die Parodie zeigt, dass sich der Umgang mit dem einstigen Nationalhelden vollkommen verändert hat.

Werbung des „Westfalium-Shops": „Dieser wehrhafte Winzling verteidigt Ihren Vorgarten gegen jede Invasion."

Werner Plumpe

„STUNDE NULL" UND „WIRTSCHAFTS-WUNDER" – GRÜNDUNGSMYTHEN DER BUNDESREPUBLIK DEUTSCHLAND

DIE MYTHEN DER NACHKRIEGSZEIT

Erst in den späten 1960er Jahren begann die Zeit der Entmythisierung.

Vorherige Doppelseite: Nach dem Ende der Berlin-Blockade von 1948/49 stehen Frauen im Mai 1949 staunend vor einem mit Fleisch- und Wurstwaren gefüllten Schaufenster.

Trotz großer Flächenbombardements bleibt die Hohenzollernbrücke in Köln bis 1945 weitgehend intakt. Die Wehrmacht sprengt das Bauwerk am 6. März 1945, um das Vorrücken der amerikanischen Truppen zu erschweren.

Zwei mythische Vorstellungen bestimmten bis in die späten 1960er Jahre den Umgang der Menschen in der Bundesrepublik mit dem Kriegsende und der seither vergangenen Zeit: zum einen der Mythos von der „Stunde Null", zum anderen der auf die Währungsreform folgende Mythos vom „Wirtschaftswunder". Erst in den späten 1960er Jahren begann die Zeit der Entmythisierung. Unter tatkräftiger Mitwirkung der DDR-Geschichtsschreibung sollte der Mythos von der „Stunde Null" als Verteidigungsstrategie der in ihren Ämtern verbliebenen nationalsozialistischen Führungskräfte entlarvt werden. Das blieb nicht ohne Erfolg. An die Stelle der „Stunde Null" trat die Vorstellung einer umfassenden, insbesondere in den 1950er Jahren erfolgten Restauration der älteren Herrschaftsverhältnisse – je nach Sichtweise unter tatkräftiger Mithilfe der westlichen Besatzungsmächte oder ihrer stillen Duldung. Nichts sei untergegangen, alles habe sich restaurieren lassen, verkündeten die Sprecher der Studentenbewegung und erklärten selbst so prominente Gegner der Nationalsozialisten wie Bundeskanzler Konrad Adenauer zu deren Testamentsvollstreckern; schließlich habe er mit seinem Chef des Bundeskanzleramts Hans Globke und Bundesminister Theodor Oberländer gut zusammengearbeitet. Aber nicht nur der Mythos von der „Stunde Null" kam unter der beißenden Kritik

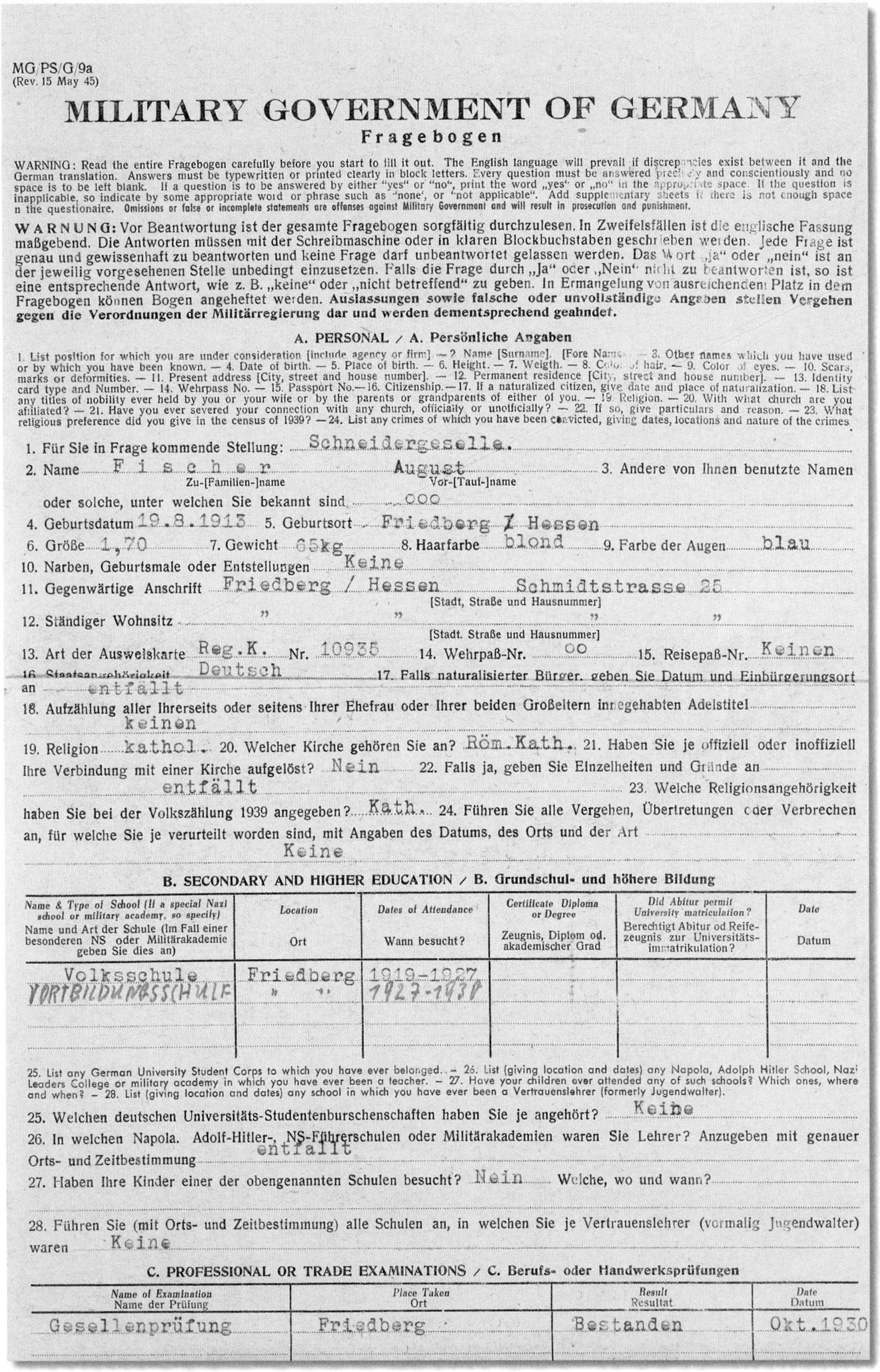

MG/PS/G/9a
(Rev. 15 May 45)

MILITARY GOVERNMENT OF GERMANY

Fragebogen

WARNING: Read the entire Fragebogen carefully before you start to fill it out. The English language will prevail if discrepancies exist between it and the German translation. Answers must be typewritten or printed clearly in block letters. Every question must be answered precisely and conscientiously and no space is to be left blank. If a question is to be answered by either "yes" or "no", print the word „yes" or „no" in the appropriate space. If the question is inapplicable, so indicate by some appropriate word or phrase such as "none", or "not applicable". Add supplementary sheets if there is not enough space n the questionaire. **Omissions or false or incomplete statements are offenses against Military Government and will result in prosecution and punishment.**

WARNUNG: Vor Beantwortung ist der gesamte Fragebogen sorgfältig durchzulesen. In Zweifelsfällen ist die englische Fassung maßgebend. Die Antworten müssen mit der Schreibmaschine oder in klaren Blockbuchstaben geschrieben werden. Jede Frage ist genau und gewissenhaft zu beantworten und keine Frage darf unbeantwortet gelassen werden. Das Wort „ja" oder „nein" ist an der jeweilig vorgesehenen Stelle unbedingt einzusetzen. Falls die Frage durch „Ja" oder „Nein" nicht zu beantworten ist, so ist eine entsprechende Antwort, wie z. B. „keine" oder „nicht betreffend" zu geben. In Ermangelung von ausreichendem Platz in dem Fragebogen können Bogen angeheftet werden. **Auslassungen sowie falsche oder unvollständige Angaben stellen Vergehen gegen die Verordnungen der Militärregierung dar und werden dementsprechend geahndet.**

A. PERSONAL / A. Persönliche Angaben

1. List position for which you are under consideration [include agency or firm] — 2. Name [Surname]. [Fore Names] — 3. Other names which you have used or by which you have been known. — 4. Date of birth. — 5. Place of birth. — 6. Height. — 7. Weigth. — 8. Color of hair. — 9. Color of eyes. — 10. Scars, marks or deformities. — 11. Present address [City, street and house number]. — 12. Permanent residence [City, street and house number]. — 13. Identity card type and Number. — 14. Wehrpass No. — 15. Passport No.—16. Citizenship.—17. If a naturalized citizen, give date and place of naturalization. — 18. List any titles of nobility ever held by you or your wife or by the parents or grandparents of either of you. — 19. Religion. — 20. With what church are you affiliated? — 21. Have you ever severed your connection with any church, officially or unofficially? — 22. If so, give particulars and reason. — 23. What religious preference did you give in the census of 1939? —24. List any crimes of which you have been convicted, giving dates, locations and nature of the crimes

1. Für Sie in Frage kommende Stellung: Schneidergeselle.
2. Name Fischer (Zu-[Familien-]name) August (Vor-[Tauf-]name) 3. Andere von Ihnen benutzte Namen oder solche, unter welchen Sie bekannt sind ooo
4. Geburtsdatum 19.8.1913 5. Geburtsort Friedberg / Hessen
6. Größe 1,70 7. Gewicht 65kg 8. Haarfarbe blond 9. Farbe der Augen blau
10. Narben, Geburtsmale oder Entstellungen Keine
11. Gegenwärtige Anschrift Friedberg / Hessen Schmidtstrasse 25 [Stadt, Straße und Hausnummer]
12. Ständiger Wohnsitz " " " " [Stadt, Straße und Hausnummer]
13. Art der Ausweiskarte Reg.K. Nr. 10935 14. Wehrpaß-Nr. oo 15. Reisepaß-Nr. Keinen
16. Staatsangehörigkeit Deutsch 17. Falls naturalisierter Bürger, geben Sie Datum und Einbürgerungsort an entfällt
18. Aufzählung aller Ihrerseits oder seitens Ihrer Ehefrau oder Ihrer beiden Großeltern innegehabten Adelstitel keinen
19. Religion kathol. 20. Welcher Kirche gehören Sie an? Röm.Kath. 21. Haben Sie je offiziell oder inoffiziell Ihre Verbindung mit einer Kirche aufgelöst? Nein 22. Falls ja, geben Sie Einzelheiten und Gründe an entfällt 23. Welche Religionsangehörigkeit haben Sie bei der Volkszählung 1939 angegeben? Kath. 24. Führen Sie alle Vergehen, Übertretungen oder Verbrechen an, für welche Sie je verurteilt worden sind, mit Angaben des Datums, des Orts und der Art Keine

B. SECONDARY AND HIGHER EDUCATION / B. Grundschul- und höhere Bildung

Name & Type of School (If a special Nazi school or military academy, so specify) Name und Art der Schule (Im Fall einer besonderen NS oder Militärakademie geben Sie dies an)	*Location* Ort	*Dates of Attendance* Wann besucht?	*Certificate Diploma or Degree* Zeugnis, Diplom od. akademischer Grad	*Did Abitur permit University matriculation?* Berechtigt Abitur od Reifezeugnis zur Universitätsimmatrikulation?	*Date* Datum
Volksschule	Friedberg	1919–1927			
Vortbildungsschule	" "	1927–1930			

25. List any German University Student Corps to which you have ever belonged. – 26. List (giving location and dates) any Napola, Adolph Hitler School, Nazi Leaders College or military academy in which you have ever been a teacher. – 27. Have your children ever attended any of such schools? Which ones, where and when? – 28. List (giving location and dates) any school in which you have ever been a Vertrauenslehrer (formerly Jugendwalter).

25. Welchen deutschen Universitäts-Studentenburschenschaften haben Sie je angehört? Keine
26. In welchen Napola. Adolf-Hitler-, NS-Führerschulen oder Militärakademien waren Sie Lehrer? Anzugeben mit genauer Orts- und Zeitbestimmung entfällt
27. Haben Ihre Kinder einer der obengenannten Schulen besucht? Nein Welche, wo und wann?
28. Führen Sie (mit Orts- und Zeitbestimmung) alle Schulen an, in welchen Sie je Vertrauenslehrer (vormalig Jugendwalter) waren Keine

C. PROFESSIONAL OR TRADE EXAMINATIONS / C. Berufs- oder Handwerksprüfungen

Name of Examination Name der Prüfung	*Place Taken* Ort	*Result* Resultat	*Date* Datum
Gesellenprüfung	Friedberg	Bestanden	Okt.1930

Die Entnazifizierung gestaltet sich in den vier Besatzungszonen unterschiedlich: Die Amerikaner sind zunächst sehr streng und lassen bis Dezember 1945 über 900.000 dieser umfangreichen Fragebögen ausfüllen.

der Nachgeborenen zu Fall. Auch der Mythos vom „Wirtschaftswunder“, verknüpft mit dem Namen Ludwig Erhard, erhielt derart massive Schläge, dass seine Aura schließlich stark angegriffen war. Ein mit der Währungsreform verbundenes „Wirtschaftswunder“ habe gar nicht stattgefunden; vielmehr sei der Kapitalstock durch den Bombenkrieg weniger zerstört worden als lange angenommen, und an Arbeitskräften habe es wegen Vertreibung und Flucht auch nicht gefehlt. Wunderlich sei bestenfalls der Glaube an den vermeintlichen Dilettanten Ludwig Erhard, ansonsten sei der Wachstumsschub nach dem Krieg aus dessen Rahmenbedingungen gut erklärbar. Etwas Wunderbares hafte ihm, zumal im westeuropäischen Rahmen, schon gar nicht an.

Die Mythen der Nachkriegszeit also bestenfalls Selbsttäuschungen, vor allem aber Irreführungen durch Eliten, die von ihrer eigenen Vergangenheit nur ablenken wollten? Zugespitzt gesagt, ist das seit den 1970er Jahren in gewisser Hinsicht Common Sense, der auch noch heute viel Zustimmung finden dürfte. Noch im Mai 2015 titelte die Zeitschrift *Focus* mit dem „Mythos vom kompletten Neuanfang“ und bemühte sich wortreich, fünf Irrtümer über die Nachkriegszeit zu widerlegen, ohne dabei recht zu überzeugen. Denn die bis heute anhaltende Dekonstruktion dieser Mythen trifft, bei allen zutreffenden Einwänden gegen verfehlte Geschichtsdarstellungen, nicht den Kern, um den es bei der Mythenbildung nach 1945 ging.

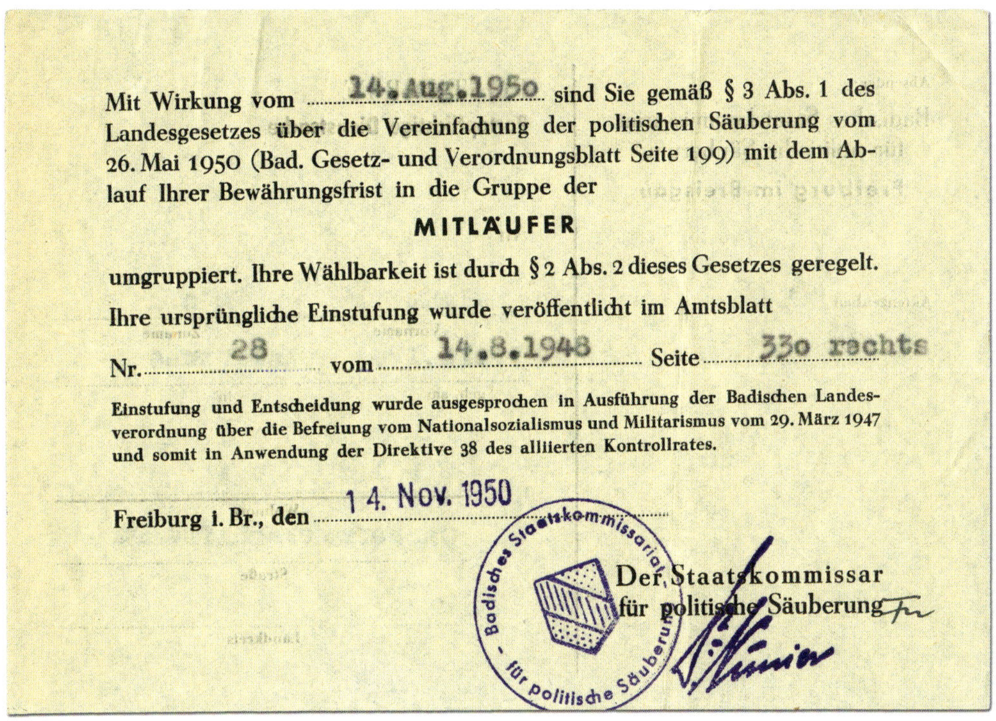

Mit Wirkung vom 14. Aug. 1950 sind Sie gemäß § 3 Abs. 1 des Landesgesetzes über die Vereinfachung der politischen Säuberung vom 26. Mai 1950 (Bad. Gesetz- und Verordnungsblatt Seite 199) mit dem Ablauf Ihrer Bewährungsfrist in die Gruppe der

MITLÄUFER

umgruppiert. Ihre Wählbarkeit ist durch § 2 Abs. 2 dieses Gesetzes geregelt.

Ihre ursprüngliche Einstufung wurde veröffentlicht im Amtsblatt

Nr. 28 vom 14.8.1948 Seite 33o rechts

Einstufung und Entscheidung wurde ausgesprochen in Ausführung der Badischen Landesverordnung über die Befreiung vom Nationalsozialismus und Militarismus vom 29. März 1947 und somit in Anwendung der Direktive 38 des alliierten Kontrollrates.

Freiburg i. Br., den 14. Nov. 1950

Badisches Staatskommissariat für politische Säuberung

Der Staatskommissar für politische Säuberung

Hauptschuldige, Belastete, Minderbelastete, Mitläufer, Entlastete: Die Spruchkammern ordnen die Betroffenen in den Entnazifizierungsverfahren in eine der fünf Gruppen ein.

Mythen sind ja nicht einfach falsche, gezielt in die Welt gesetzte Vorstellungen, an die eine Zeit lang geglaubt wird, sondern bedeuten sehr viel mehr. Der These des deutschen Philosophen Hans Blumenberg in seinem Buch *Arbeit am Mythos* folgend, könnte man sagen, dass sie Erzählungen sind, um Abstand von etwas gewinnen zu können, das immer noch gefährlich nah ist, das man eigentlich nicht loswird, aber zu dem Distanz zu gewinnen gleichwohl existenzielle Bedeutung besitzt. Insofern hatten diese Mythen über den unbelasteten Neuanfang und den fulminanten Erfolg im Wiederaufbau geradezu konstitutive Bedeutung, weil sie, obwohl die Kontinuitäten offensichtlich waren, den Bruch glaubhaft beschworen: Wir sind noch dieselben Menschen, aber wir sind ganz andere geworden, und deshalb ist es uns auch möglich, erfolgreich neu anzufangen. Die Mythen ermöglichten die nötige Selbstdistanzierung, die für das Weitermachen notwendig war, ohne in die lähmende Selbstaufgabe zu verfallen, die in der unmittelbaren Nachkriegszeit ja alles andere als unwahrscheinlich war.

Ein weiterer Punkt, den die Dekonstruktionswelle der 1960er und 1970er Jahre – in ihrem Wunsch mit der Adenauer-Zeit abzurechnen durchaus nachvollziehbar – weitgehend übersah, ist von großer Bedeutung. Es ist die Tatsache, dass Mythen zwar keine historiografisch korrekten Erzählungen sind, aber eben auch keineswegs nur Lügen oder Legenden umfassen; die Mythen der Nachkriegszeit waren also keine reinen Schutzbehauptungen, die nach 1945 aufgestellt wurden, um sich der Strafe für die zuvor begangenen Verbrechen zu entziehen. Das gab es im Einzelfall zweifellos – und die Geschichte der „Persilscheine", Bescheinigungen zur Entlastung von nationalsozialistischen Straftätern durch Aussagen von Opfern oder Gegnern, bietet endlosen Stoff für entsprechende Erzählungen. Doch im Kern knüpften die Mythen an die Alltagserfahrungen der Menschen an, die sie aufnahmen und sie glaubwürdig in die erwähnte Distanzierungserzählung umwandeln konnten, weil sie eben nicht an den Haaren herbeigezogen waren. Die Mythen oder zumindest große Teile ihres Gehalts entsprachen dem Schicksal einer Vielzahl von Menschen in der Nachkriegszeit – angesichts der gemeinsamen Erfahrung von Tod und Zerstörung, Flucht, Vertreibung und Not und Elend.

Krieg, Untergang und Besetzung waren der große Bruch. Entsprechend rührte der große Erfolg der Mythenbildung ja auch daher, dass sie keine gezielten Konstruktionen interessierter Kreise waren, sondern Narrationen, die sich aus vielen Quellen speisten. Es waren Redeweisen, um über den Alltag sprechen und ihn begreifen zu können, ihn so weit wie möglich erträglich zu machen und nicht depressiv zu werden. Denn das Ausmaß der Zerstörungen, der in vielen Familien erlebte Tod naher Angehöriger und die nach dem Ende des Kriegs erfolgte Konfrontation

Nur ein Jahr nach Kriegsende erscheint das Buch *Die deutsche Katastrophe* des Historikers Friedrich Meinecke, in dem er die Machtübernahme der Nationalsozialisten 1933 als Kern der Katastrophe bezeichnet.

Sowohl *Die Mörder sind unter uns* (1946) als auch *Draußen vor der Tür* (1947) beschäftigen sich mit Kriegsheimkehrern und ihren Versuchen, sich wieder in die Nachkriegsgesellschaft einzugliedern. Beide Werke gelten als beispielhaft für Trümmerfilm und -literatur.

mit den nationalsozialistischen Massenverbrechen und der daraus folgende Untergang der handlungssichernden Weltorientierungen waren in umfassender Hinsicht existenzgefährdend. Die lange verschwiegenen Massenselbstmorde zum Ende des Kriegs und in den ersten Nachkriegswochen sprechen eine deutliche Sprache, da es keineswegs nur hochrangige Funktionäre des untergegangenen Regimes waren, die sich das Leben nahmen. Hilflose Versuche wie die Erinnerungen des Historikers Friedrich Meinecke *Die deutsche Katastrophe* von 1946, in denen er sich mit dem Niedergang all dessen auseinandersetzt, was sein eigenes und das nationale Selbstbild bestimmt hatte, indem er sich auf Goethe besinnt, zeigen diese Verzweiflung in anderer Weise. An den Krieg schloss sich die Mythenbildung zudem keineswegs sofort an, sondern zunächst die Verzweiflung, das dumpfe Abwarten und der Eskapismus, zumindest bei denjenigen, die das Ende nicht aus politischen Gründen herbeigesehnt hatten. Die Mythen waren also keineswegs von Anfang an da, und sie waren auch keineswegs unbestritten oder gar allgemein akzeptiert. Nicht nur scheiterte eine allgemeine Durchsetzung der Vorstellung von einer „Stunde Null" an den Besatzungsmächten und an den politischen Gegensätzen zwischen den rasch wieder entstehenden politischen Gruppierungen. Auch in der intellektuellen Welt und der Sphäre der Kunst gab es zahlreiche Widerstände gegen eine vermeintlich zu rasche „Bewältigung" der nationalsozialistischen Zeit. Das Heimkehrer-Drama *Draußen vor der Tür* von Wolfgang Borchert war 1947 ein Erfolg auf den Bühnen in Hamburg und andernorts, und noch 1959 erregte Wolfgang Staudtes Film *Rosen für den Staatsanwalt*, der die Parteivergangenheit eines Juristen zum Gegenstand hatte, großes Aufsehen. Doch es gelang diesen Erzählungen über einflussreich gebliebene nationalsozialistische Täter nicht zu verbreiteten Vorstellungen dieser Zeit zu werden, weil sie nicht mit den Alltagserfahrungen der Mehrheit verknüpft waren. Sie blieben ohne Resonanz in der alltäglichen Welt der Katastrophenbewältigung und des Überlebens, und sie trugen auch nicht zu der Distanzierung bei, die aber lebensnotwendig war, wenn das Land eine offene Zukunft zurückgewinnen wollte.

„STUNDE NULL“

[...] dann ist der Mythos von der „Stunde Null“ wahrscheinlich der wirkmächtigste Mythos des 20. Jahrhunderts [...]

Misst man die Bedeutung eines Mythos an den Versuchen, ihn zu dekonstruieren, zu widerlegen und zu zerstören, dann ist der Mythos von der „Stunde Null“ wahrscheinlich der wirkmächtigste Mythos des 20. Jahrhunderts zumindest in Deutschland gewesen. Schon frühzeitig setzten Debatten über die Bedeutung der Zäsur vom Frühjahr 1945 ein, und da es ganz offensichtlich bedeutende Kontinuitäten personeller, struktureller und administrativer Art über das Kriegsende hinaus gab, war die Stimme derjenigen, die das Wort von der „Stunde Null“ für falsch, ja für Täuschung hielten, von Anfang an gut zu vernehmen. Da der Mythos von der „Stunde Null“ zudem nicht zum Zeitpunkt der bedingungslosen Kapitulation und der Besetzung Deutschlands im Frühjahr 1945 entstand, sondern erst, als man sich mit der Situation nach dem Krieg auch geistig auseinanderzusetzen begann, kann man fast vermuten, dass sein Ursprung auch viel damit zu tun hat, dass der totale Bruch, für den der Mythos später stand, gerade bestritten wurde.

Niederlage oder Befreiung? Wie mag dies ein deutscher Soldat vor den Ruinen des Reichstags in Berlin im Mai 1945 – nach der Kapitulation – empfunden haben?

Die Wortgeschichte des Begriffs zu rekonstruieren, ist nicht einfach; vieles deutet darauf hin, dass er mit Roberto Rossellinis Film von 1948 *Deutschland im Jahre Null* populär wurde und sich seine Nutzung dann, sowohl zustimmend wie kritisch eingesetzt, verbreitete. Rossellinis Bild vom Berlin der unmittelbaren Nachkriegszeit war offenkundig beeinflusst von dem französischen Soziologen und zeitweiligen Kommunisten Edgar Morin, der nach dem Krieg in der Verwaltung des französischen Sektors in Deutschland arbeitete und seine nüchternen Beobachtungen der Lage der deutschen Bevölkerung 1946 in dem Buch *L'an zéro de l'Allemagne* niederschrieb. Dieses erschien bereits 1948 wohlgemerkt in der sowjetischen Besatzungszone unter dem Titel *Das Jahr Null. Ein Franzose sieht Deutschland*. Beide Werke waren eher düster und beschrieben den desaströsen Alltag sowie die moralische Verwirrung in dem weitgehend zerstörten Land. Mythenbildend im Sinne einer Art Tabula rasa waren diese Arbeiten gerade nicht; sie signalisierten vielmehr, dass es einen umfassenden Neuanfang geben musste, von dem nicht vorhersehbar war, ob er gelingen würde. Diese wenigen Beobachtungen zeigen schon, dass es vorschnell wäre, den Mythos von der „Stunde Null" funktional auf eine Art Freisprechung der überlebenden deutschen Bevölkerung zu reduzieren. Der Mythos wurde aber deshalb möglich, weil er den kollektiven Erfahrungen, dass alles neu gemacht werden musste, entsprach. Rossellini und Morin, deren Absichten dabei keineswegs apologetisch waren, stellten in gewisser Weise das Wort zur Verfügung, das zahlreiche semantische Stränge verbinden konnte.

Der französische Philosoph Edgar Morin schreibt 1946 eine nüchterne Studie über die hungernde Bevölkerung unter dem Titel *Das Jahr Null* und prägt so diesen Begriff.

Später, in den 1950er Jahren, ist der Mythos von der „Stunde Null" zum Teil in der Tat funktional zur Entlastung verwendet worden, als sei mit dem Kriegsende auch die Belastung durch den Nationalsozialismus irgendwie „abgefallen". Dies machte es seinen Kritikern leicht, ihn zu dekonstruieren, war es doch nicht schwierig, die zahllosen Kontinuitäten aufzuzeigen, die die Nachkriegs- und Wiederaufbaugesellschaft mit älteren Traditionen direkt verknüpften. Im Eifer, die sinnstiftende Erzählung vom Neuanfang, die mittlerweile durch den wirtschaftlichen Erfolg der jungen Republik geradezu offiziell anerkannt erschien, zu zerstören, ließen sich insbesondere die SED-Propagandisten nicht überbieten. Ihr erklärtes Ziel war, die Legitimität des westdeutschen Staats moralisch und historisch zu zerstören, wobei sie auf zahlreiche westdeutsche Helfer rechnen konnten, die bei dem Bemühen, in Funktionen verbliebene ehemalige Nationalsozialisten zu identifizieren,

„[...] Es ist aus mit Deutschland [...] Denn das ist nicht nur ein Krieg der verlorengeht. Das ist viel umfassender und endgültiger [...]. Ich weiß nur eins, daß ich überleben will. Ich bin neunzehn Jahre alt. Eigentlich müßte alles erst anfangen."
Dieter Wellershoff, 1945

Gegen Hans Globke und Theodor Oberländer protestieren im Januar 1960 Berliner Studenten auf dem Platz vor der Universität der Künste. Dem Staatssekretär im Bundeskanzleramt und dem Vertriebenenminister werfen sie Mitwirkung an nationalsozialistischen Verbrechen vor.

nur zu gerne mitwirkten. Dabei war das nie ein Geheimnis, ja unter bestimmten Voraussetzungen sogar mehr oder weniger offen betriebene Politik, ehemalige NSDAP-Mitglieder zu reintegrieren, zumal allein die Tatsache der Parteimitgliedschaft in der Zeit nach 1949 wenig besagte. Über die bekanntesten Fälle, Hans Globke und Theodor Oberländer, wussten die Kritiker auch nur zu melden, dass sie im Nationalsozialismus wichtige Personen waren; Vorwürfe, sie seien in ihren Ämtern in den 1950er oder 1960er Jahren im Sinne einer Wiederherstellung der nationalsozialistischen Diktatur tätig geworden, hat es bezeichnenderweise nie gegeben. Auch war die administrative Kontinuität der mittleren und unteren Verwaltungsebenen nicht nur unstrittig, sondern ihre mehr oder weniger reibungslose Arbeit seit den ersten Nachkriegstagen war geradezu ein Garant dafür, dass aus dem Untergang des Regimes keine die Gesellschaft dauerhaft zerstörende Katastrophe wurde. Das alles als Restauration zu bezeichnen, wäre wenig glaubwürdig erschienen – und folgerichtig wurde der SED-Propaganda auch nicht geglaubt.

Denn der die Mythen zerstörende Eifer übersah zusätzlich etwas, was seine Wirksamkeit in den 1950er Jahren denn auch wirksam begrenzte. Im Bemühen,

Nach dem Zweiten Weltkrieg stehen die „Trümmerfrauen“ für den Wiederaufbau. Die freiwilligen Hilfseinsätze sind aber eher symbolischer Natur, da die Räumung oft auch mit Großgeräten erfolgte. Dennoch hat sich der Mythos durch Fotos und Berichte bis heute gehalten.

Kontinuitäten zu zeigen, blendete er die Brüche aus, die für viele Menschen unübersehbar waren, ja die sie am eigenen Leibe erfahren hatten. Die deutschen Städte hatten ihre historische Gestalt verloren. Ihre Zerstörung hatte ein solches Ausmaß, dass die Räumung tatsächlich nicht allein, wie es der Mythos wollte, von „Trümmerfrauen“ geleistet werden konnte, sondern Unternehmen mit ihren Maschinenparks den Großteil der Trümmerbeseitigung leisteten. Zwischen 1945 und 1948 kam es zum umfassendsten Elitenaustausch, den eine moderne Gesellschaft bis dato gesehen hatte. Fast die Hälfte des Leitungspersonals deutscher Unternehmen verlor zeitweilig oder dauerhaft seine Stellung; der preußische Adel verschwand zumindest als gesellschaftlich maßgebende Gruppe vollständig. Der über Jahrhunderte prägende deutsche Osten war untergegangen, das mitteldeutsche Land der Reformation lag weit hinter dem Eisernen Vorhang, und die rheinisch-katholische Republik war etwas definitiv anderes, zumal ihr die symbolische Spitze Berlin fehlte, für die Bonn kein Ersatz sein konnte. Wenn etwa in der Wirtschaft die Hälfte der Unternehmensleiter, Verbandsfunktionäre und Manager im Amt blieb, dann war das für die einen ein Skandal, während die anderen nachdrücklich darauf hinwiesen, dass die andere Hälfte der führenden „Männer der Wirtschaft“ zumindest zeitweilig den Hut hatte nehmen müssen und keineswegs immer unter angenehmen Bedingungen.

Die Nationalsozialisten wissen um die Wirkung der Bilder: Die Schauspielerinnen Helga Göring (l.) und Ilse Bally (r.) posieren im Dezember 1944 im zerstörten Hamburg. Fotos wie dieses sollen die Moral stärken.

Die „Stunde Null“ hatte aber vor allem im Alltag eine feste Basis: Die Städte wurden von wenigen Ausnahmen abgesehen eben nicht wieder aufgebaut, sondern neu erfunden. Städtebaulich und architektonisch fand ein totaler Bruch statt – und er war gewollt. Wenn heute angesichts eines teilweise missglückten Wiederaufbaus davon gesprochen wird, dass seinerzeit angesichts der Ressourcenknappheit und der großen Wohnungsnot nicht anders gebaut werden konnte, dann sind das in der Tat Ausflüchte. Gerade für die tonangebenden Eliten beinhaltete der Zwang zum Wiederaufbau die Chance des Bruchs, die auch genutzt wurde. Sicher war es ein Mythos, der dabei half, aber gerade darin lag seine Bedeutung. Sichtbar wurde das spätestens Anfang der 1960er Jahre, als die motorisierte Massenkonsumwelt den westdeutschen Alltag bestimmte: Mit dem alten Deutschland hatte die neue Bundesrepublik nicht mehr viel zu tun, wenngleich die Biografien ihrer führenden Männer noch eine andere Sprache zu sprechen schienen.

1
DEUTSCH
MARK

„WIRTSCHAFTSWUNDER“

[...] ausgehend von der Währungsreform, symbolisiert in der Deutschen Mark, verkörpert durch Ludwig Erhard [...]

Am 20. Juni 1948 wird die Deutsche Mark in den drei Westzonen eingeführt.

Dieser Mythos des Neuanfangs konnte sich freilich nur dauerhaft behaupten, weil der ökonomische Erfolg der Bundesrepublik deren Unsicherheit und Orientierungslosigkeit geradezu wundersam hinwegfegte. Der Mythos des „Wirtschaftswunders“, ausgehend von der Währungsreform, symbolisiert in der Deutschen Mark, verkörpert durch Ludwig Erhard, war eine perfekte Ergänzung zum älteren Mythos von der „Stunde Null“. Diente der erste Mythos der Distanzierung, so der zweite der erneuerten Selbstgewissheit, durch welche die Distanzierung erst erfolgreich und glaubwürdig wurde. Dabei war der eigentliche Anlass zunächst wenig mythisch. Die alte Reichsmark hatte nicht zuletzt wegen der Mangelversorgung und der gigantischen Reichsschuld ihre Funktion weitgehend eingebüßt. Ein Schuldenschnitt verbunden mit einer Währungsreform war unausweichlich, nur eben zwischen den Besatzungsmächten so umstritten, dass es erst des Zerfalls der Anti-Hitler-Koalition bedurfte, um einen Alleingang der drei westlichen Besatzungsmächte zu ermöglichen. Der unter amerikanischer Vorherrschaft vollzogene Währungsschnitt war radikal. Aus 100 Reichsmark wurden am 20. Juni 1948 gerade einmal 6,50 Deutsche Mark; den Menschen wurde zunächst nur eine Kopfquote von 60 DM – ausgezahlt in

Die neuen 20-DM-Scheine haben Ähnlichkeit mit US-amerikanischen Dollarnoten.

zwei Raten – zugestanden, Unternehmen erhielten mehr. Im Kern war das eine radikale Enteignung der Bevölkerung, die andererseits eine vollständige Streichung der alten Reichsschulden ermöglichte. Da Sachwerte nicht betroffen waren, gab es später einen Lastenausgleich, doch spielte das zu Anfang noch keine Rolle. Die Wirkungen der Währungsreform waren gleichwohl phänomenal, auch deshalb, weil Ludwig Erhard zugleich eine weitgehende Aufhebung der Bewirtschaftungsvorschriften durchsetzte. Das war der deutsche Beitrag, dessen Bedeutung nicht unterschätzt werden sollte.

Denn mit der Währungsreform änderte sich schlagartig die Lage. Die vollen Schaufenster am Tag danach waren nicht nur überraschend; sie waren von Anfang an ein Mythen gebärendes Erlebnis. Die Folgen der Reform taten ein Weiteres: Sie schufen zwar durch die Pulverisierung aller Geldvermögen verbreitet Armut, sandten aber zugleich die Botschaft, dass sich Fleiß auch lohne. In der Tat: Geldsorgen traten sehr rasch an die erste Stelle der Alltagsbekümmernisse der Menschen und verdrängten, das zeigen Umfragen des zweiten Halbjahrs 1948, die bisherigen Sorgen, die sich vor allem um Fragen des Überlebens gedreht hatten. Das neue Geld wurde zum Schlüssel für ein besseres Leben, Arbeit der Weg zu diesem Schlüssel. Und diese Arbeit trug reiche Früchte. Im vierten Quartal 1949 erreichte die Industrieproduktion in der gerade gegründeten Bundesrepublik das Niveau des gesamten Deutschen Reichs von 1936. Ende 1950 war das Vorkriegsniveau um ein Drittel übertroffen, Ende 1953 um bald 75 Prozent. Bewirtschaftung und Rationierung gehörten nun endgültig der Vergangenheit an.

„Vater des ‚Wirtschaftswunders'": Bundeswirtschaftsminister Ludwig Erhard bei der Präsentation des Buchs *Wohlstand für alle*, 1957.

Mit der Währungsreform war freilich auch die überhöhte, zum Teil nur auf dem Papier bestehende Beschäftigung abgebaut worden. Die Arbeitslosigkeit schoss rasch nach oben. 1950 waren im Jahresdurchschnitt fast 1,6 Millionen Menschen oder elf Prozent ohne Arbeit. Da zugleich die Lebenshaltungskosten rasch stiegen, schien zu Beginn der 1950er Jahre der wirtschaftliche Erfolg an vielen Menschen vorbeizugehen. Doch der Eindruck täuschte. Die Arbeitslosigkeit ging rasch zurück. Schon 1953 lag die Arbeitslosenquote bei nur noch gut acht Prozent, um in den folgenden Jahren drastisch zu sinken. Mitte der 1950er Jahre herrschte faktisch Vollbeschäftigung. Ein Zeichen hierfür war die Anwerbung der ersten „Gastarbeiter", deren Zahl von 72.000 im Jahr 1954 bis auf 500.000 Menschen am Ende des Jahrzehnts anstieg. Zugleich schossen die Löhne in die Höhe. Zwar wurde das Tempo der allgemeinen Wirtschaftsentwicklung nicht erreicht, doch verdoppelten sich die Reallöhne im ersten Nachkriegsjahrzehnt bis 1960 fast. Der relative Lohnverzicht der Beschäftigten war wiederum ein wichtiger Grund für die hohen Investitionsquoten. Investitionsziffern wie in den 1950er Jahren erreichte die deutsche Wirtschaft seither nicht mehr. Sie eilte von Rekord zu Rekord, und das veränderte die Lebensbedingungen und den Lebensstil. Der Konsum breitete sich aus – von Fress-, Einrichtungs-, Motorisierungs- und schließlich Reisewellen war die Rede. Spätestens 1957 war Westdeutschland in der Massenkonsumwelt angekommen. Damit war auch eine eigentümliche Freiheitserfahrung verbunden. Standen die ersten Nachkriegsjahre noch unter dem Diktat des Sparens und der notwendigen Ausgaben,

Schon Mitte der 1950er Jahre ist von Knappheit wenig zu sehen. Die positive Wirtschaftsentwicklung führt zu einem breiten Angebot wie hier 1955 in Bayern.

so wurden die Konsumspielräume immer größer, die Ausstattung der Haushalte mit hochwertigen Gütern wie Kühlschränken, Fernsehgeräten, Staubsaugern und Waschmaschinen immer besser. Anfang der 1960er Jahre stand in jedem dritten Haushalt ein Fernseher, in 80 Prozent ein Radiogerät, in jedem vierten ein Waschvollautomat, und immerhin 65 Prozent nannten einen elektrischen Staubsauger ihr eigen. Vor allem aber: Bereits mehr als 27 Prozent der Haushalte hatten ein Auto – und es sollten rasch mehr werden. Das alles war etwas völlig Neues, eben der zuvor skizzierte Bruch, und das machte gerade der älteren Generation Angst, die freilich völlig erfolglos Maßhalteappelle verbreitete und Konsumkritik kultivierte.

Die ersten Tage nach der Währungsreform waren noch von Staunen erfüllt, die darauffolgenden Monate dann allerdings auch von Skepsis angesichts steigender Preise und großer Arbeitslosigkeit, sodass es im November 1948 zum einzigen Generalstreik in der Geschichte Westdeutschlands kam, der sich gegen Erhards Wirtschaftspolitik richtete. Dennoch überwogen von den 1950er Jahren an die positiven Stimmen, die durch Ludwig Erhards bewusst inszenierten Erfolge des Wiederaufbaus geradezu orchestriert wurden. Er wusste das „Wirtschaftswunder“ politisch zu nutzen. Das trug zur Mythenbildung, namentlich zur Aufwertung der Person von Ludwig Erhard bei, der sich aufgrund seiner Erscheinung und seiner volkstümlichen Art geradezu anbot, den Helden des Wiederaufbaus zu verkörpern. Vor allem aber legitimierte die sich lang-

Zehn Jahre nach Beginn der Produktion läuft am 5. August 1955 der millionste Käfer bei Volkswagen in Wolfsburg vom Band. Bis 2002 ist der Käfer der meistverkaufte Pkw der Welt.

1997 wirbt die Fondsgesellschaft DWS mit einer kindlichen Zeichnung eines Gesichts und einer Zigarre im Mundwinkel für ihre Produkte – eine Anspielung auf Ludwig Erhard.

sam zum Mythos verdichtende Erzählung vom „Wirtschaftswunder“ die zentralen Alltagserfahrungen der großen Mehrheit der Menschen: die schwere Arbeit, der anfangs noch geringe Verdienst, der langsam steigende Lebensstandard. Es war die eigene Arbeit, die im Kern des Mythos stand – und deren überragender Erfolg profitierte eben auch von dessen aufmunternder Kraft. Denn der Mythos des wundersamen Wiederaufstiegs durch Arbeit war eine Erzählung des „kleinen Mannes“. Die Erfolge wurden an den Fließbändern, auf den Baustellen und in den Bergwerken erzielt. Und Ludwig Erhard verkörperte auch das als Person: Er war kein Angehöriger der traditionellen Eliten, sondern verkörperte den „Otto Normalverbraucher“, auf dessen Fleiß, Sparsamkeit und Charakter es ankam. Auch die kollektiven Erzählungen vom „Wirtschaftswunder“ knüpften an die Alltagserfahrungen der Menschen an, die jetzt zu Trägern eines positiven, ja optimistischen Selbstbildes wurden.

So wenig wie der Mythos von der „Stunde Null“ die Zeit des Nationalsozialismus vergessen machte, so wenig war der Mythos vom „Wirtschaftswunder“ eine vollständige Versöhnung mit sich selbst. Aber beide trugen zu Distanzierung und Selbstvergewisserung entscheidend bei – und hatten daher auch konstitutive Bedeutung für die Erfolgsgeschichte der westdeutschen Nachkriegsdemokratie.

MYTHOS UND SELBSTBILD

Schließlich ermöglichten der Erfolg des „Wirtschaftswunders“, aber auch andere Ereignisse wie die gelungene Westintegration, insbesondere der Einschluss in das Lager der „Guten“ im Kalten Krieg, manche zunächst untergegangene Traditionslinie wieder zu pflegen, auch um so etwas wie nationalen Stolz zurückzugewinnen. Arbeit und Fleiß hatten ohnehin stets zum Selbstbild gehört, gute Organisation und eine leistungsfähige Bürokratie waren positive Werte, schließlich schien auch der Kampf gegen den Bolschewismus in anderem Licht – all das verschmolz gegen Ende der 1950er Jahre zu einer hybriden Selbstwahrnehmung der Wiederaufbaugeneration, in der die Mythen zu Bausteinen einer zum Teil penetranten Selbstgerechtigkeit verkamen. Es war diese Selbstgerechtigkeit einer Generation wohlgemerkt, die Bewunderung dafür erwartete, dass sie das, was sie selbst zerstört hatte, so grandios wiederaufgebaut habe. Diese eigentümliche Selbstinszenierung und deren verzerrte Wahrnehmung durch die Generation der 68er führte dazu, dass der Erfolg der Entmythisierung so überwältigend wurde. Dies erklärt die Wucht der Dekonstruktion, aber macht sie deshalb nicht plausibler.

Florian Pauls

Das „rollende Wirtschaftswunder“

„Aller Anfang ist er.“ Mit diesem biblisch anmutenden Slogan warb der größte deutsche Automobilhersteller Volkswagen Ende der 1960er Jahre für sein wichtigstes Produkt – den Käfer. Denn in den 1950er und 1960er Jahren galt er nicht nur als das Auto schlechthin, sondern auch als Symbol des Aufbruchs nach dem Krieg.

Der Kauf eines Automobils war Ende der 1950er Jahre häufig die erste große Anschaffung vieler Familien. So entwickelte sich der Käfer zum Sinnbild des steigenden Wohlstands. Zugleich stand er für die „deutschen Tugenden“ Fleiß, Ausdauer, Zuverlässigkeit, Bescheidenheit und Leistungsfähigkeit. Man teilte mit ihm den Alltag und die Vergnügungen, fuhr mit ihm zur Arbeit und zum Einkaufen, nutzte ihn zudem zu Wochenendausflügen oder Fahrten in den Urlaub – der Wagen wurde schnell zum Teil der Familie. Aus dieser emotionalen Aufladung mit einer Mixtur aus Neuanfang, Wohlstand und Zuverlässigkeit entstand der Mythos des Volkswagens.

Seine Anfänge reichen zurück in die Zeit des Nationalsozialismus. 1934 beauftragte die nationalsozialistische Organisation „Kraft durch Freude“ (KdF) Ferdinand Porsche, ein einfaches und stabiles Fahrzeug zu konstruieren, das möglichst günstig verkauft werden konnte. Doch verhinderte der Beginn des Zweiten Weltkriegs 1939 die Serienproduktion des KdF-Wagens, stattdessen liefen Kübelwagen vom Band. Da der Maschinenpark während des Kriegs zum Schutz vor Bombenangriffen ausgelagert worden war, konnte die Produktion des Wagens schon Ende Mai 1945 wieder aufgenommen werden. Der für das Werk verantwortliche britische Major Ivan Hirst erkannte das Potenzial des Fahrzeugkonzepts und veranlasste noch 1945 Volkswagen für die Besatzungsmächte und die Deutsche Post zu produzieren.

Unten: Details vom Brezelkäfer mit dem zweigeteilten Heckfenster, der bis 1953 gebaut wurde.
Rechts: Mit gezielten Kampagnen steigert Volkswagen den Kult um den Käfer.

Als Generaldirektor wurde 1948 Heinrich Nordhoff eingesetzt, von 1942 bis 1944 Leiter eines Opel-LKW-Werks. Er hielt über Jahrzehnte eisern am Grundkonzept des Fahrzeugs fest. So wurde der Käfer zum Massenprodukt. Bereits 1955 konnte VW die Produktion des millionsten Nachkriegs-Volkswagens feiern. Bis zum Ende der Bauzeit sollten noch etwa 21 Millionen Exemplare dazukommen.

Nach dem Boom in Deutschland errichtete VW bereits ab 1952 Standorte im Ausland. Fabriken in Brasilien, Mexiko und Südafrika bauten den Käfer auch nach 1978, dem Produktionsende in Deutschland, weiter. Weltweit endete am 30. Juli 2003 die Herstellung dieses Modells.

Aber nicht nur in seiner Verbreitung, sondern auch in seiner weltweiten Medienpräsenz ist der Käfer unschlagbar. Fast jede Fernsehdokumentation über die 1950er Jahre in der Bundesrepublik zeigt Aufnahmen aus der Produktion oder von den Feierlichkeiten anlässlich des 500.000. oder des millionsten produzierten Volkswagens.

Und seit 1968 ist er auch als Filmstar prominent: In sechs Kultfilmen aus dem Hause Disney erlebte der perlweiße „Herbie“ mit der Startnummer 53 dank seiner übernatürlichen Kräfte immer wieder neue Abenteuer.

Dabei ist der Name „Käfer“ ein „Reimport“ aus den Vereinigten Staaten, wo er liebevoll „Beetle“ oder „Bug“ genannt wurde. Die internationale Wertschätzung des Käfers machte ihn zu einem Aushängeschild des wirtschaftlichen Aufstiegs der Bundesrepublik nach dem Zweiten Weltkrieg, zum „rollenden Wirtschaftswunder“.

Monika Gibas

VON DER „BEFREIUNG" ZUM „ARBEITER- UND BAUERNSTAAT" – GRÜNDUNGSMYTHEN DER DDR

TAG
DER
BEFREIUNG

VOR DER „STUNDE NULL“

Eine „neue nationale Identität“ für ein „verführtes Volk“

Vorherige Doppelseite: Jugendliche aus der DDR und der Sowjetunion ziehen im Juli 1987 am Treptower Ehrenmal vorbei.

Medaille aus Keramik von 1955: Schriftzug „Tag der Befreiung“, daneben zwei Schösslinge und das Siegel Meißner Porzellan.

„Auch das deutsche Volk hat das Recht auf einen gesunden Nationalstolz“ – eine sehr pointierte Stellungnahme, wenn man bedenkt, dass sie 1943 von dem KPD-Funktionär Edwin Hoernle im sowjetischen Exil geäußert wurde, nachdem Deutsche die Sowjetunion seit zwei Jahren in einem beispiellosen Vernichtungskrieg mit Mord und Zerstörung überzogen. Der 1883 als Sohn eines Württemberger Pfarrers geborene Hoernle, seit 1920 KPD-Spitzenfunktionär, von 1924 bis 1933 Reichstagsabgeordneter und seit 1940 in der Sowjetunion, wollte diskutieren, warum „nicht nur die deutschen Mittelschichten, sondern auch die Masse der deutschen Arbeiter sich gegen die Sowjetunion verwenden ließen und die Bestialitäten der Faschisten in den besetzten Gebieten nicht nur dulden, sondern auf Befehl mitmachen“. Mit dieser Position stand er nicht allein. Schon seit 1942/43 diskutierten aus Deutschland geflohene KPD-Funktionäre und verbündete „Antifaschisten“ über Möglichkeiten der „geistig-moralischen Überwindung nationalsozialistischer ideologischer Verblendung der Deutschen“ als Voraussetzung für ein „Deutschland nach Hitler“. Die kommunistischen Exilanten planten eine gründliche „Umerziehung“ des „verführten deutschen Volkes“. Von Februar 1944 bis Juli 1945 erarbeiteten sie beispielsweise ihre „Richtlinien für den Unterricht in deutscher Geschichte“, die die Erziehung der jungen Generation in einem postnationalsozialistischen Deutschland orientieren sollte. Auch hier planten die Verfasser, durch eine Darstellung der gesamten deutschen Geschichte ein Nationalbewusstsein zu entwickeln, „das begründet ist in dem Stolz auf die großen Leistungen des deutschen Volkes, die dem Fortschritt der Menschheit dienten, aber frei ist von nationalistischer Engstirnigkeit und rassischer Überheblichkeit“. Die von der Deutschen Zentralverwaltung für Volksbildung gebildete „Kommission zur demokratischen Erneuerung des Geschichtsunterrichtes“ knüpfte 1946 an diese Überlegungen an und überführte diese Ideen schließlich in die Lehrpläne für Schulen und Universitäten. Diese Richtlinien gelangten noch im Juli desselben Jahrs in die Hände der Geschichtslehrer.

DAS GESCHICHTSBILD IN DER SBZ UND DER DDR

Dass es in der SBZ und in der frühen DDR so rasch eine elaborierte und alternative Geschichtserzählung gab, hatte zwei wichtige Gründe. Zum einen stand mit der „marxistisch-leninistischen Geschichtsauffassung“ bereits ein historisches Deutungsmuster bereit. Es konnte die Antike, die deutschen Bauernkriege, die Industrialisierung, den Kolonialismus wie auch den Ersten Weltkrieg in einen konsistenten Sinnzusammenhang bringen – oder, wie die Kritiker anmerkten: über einen Leisten schlagen. Und insbesondere die in den Westzonen und der frühen Bundesrepublik als die „dunklen Jahre“ bezeichnete Zeit der nationalsozialistischen Herrschaft erschien in der ostdeutschen Geschichtsdarstellung in greller Beleuchtung, auch nachdem die Reeducation-Scheinwerfer der Westalliierten verloschen waren. Denn nichts schien die ostdeutsche Macht- und Kulturelite mehr zu legitimieren, als ihre Haltung während der Jahre des Nationalsozialismus. Die historischen Mythen, welche die DDR begründeten, waren also sofort in den Lehrplänen der Schulen und Universitäten, in Medienpolitik und „Sichtagitation“ (Fahnen und Losungen) präsent und erfuhren auch im schon 1952 gegründeten Ost-Berliner „Museum für deutsche Geschichte“ ihre Institutionalisierung. Da die Geschichtsmythen der DDR so eng mit der Legitimation der SED-Herrschaft verknüpft und die Fragen der Geschichte damit auch immer eine Frage (nach) der Macht waren, änderte sich bis in die 1980er Jahre wenig an den Geschichtsmythen.

Linke Seite:
Wenige Tage nach der Befreiung des Konzentrationslagers Buchenwald legen Überlebende ein Gelöbnis ab: den „Faschismus" unerbittlich zu bekämpfen und sich für den Aufbau einer neuen Welt, für Frieden und Freiheit einzusetzen. Dieser „Schwur von Buchenwald" steht im Zentrum des „antifaschistischen" Gründungsmythos der DDR.

ERSTER GRÜNDUNGSMYTHOS: OPFERREICHER KAMPF, VERRAT UND NIEDERLAGE

Dieser Mythos wurde nicht nur narrativ, sondern auch durch verschiedene Riten und ikonische Verdichtungen am Leben erhalten. Der rituelle Jahreskalender begann stets am 15. Januar mit dem Gedenken an die Ermordung von Karl Liebknecht und Rosa Luxemburg im Jahre 1919 und fand am 1. Mai, dem „Internationalen Kampf- und Feiertag" der Arbeiterklasse seinen Höhepunkt. Die Gründer der Kommunistischen Partei Deutschlands (KPD), Liebknecht und Luxemburg, wurden nicht nur zu Märtyrern im Kampf gegen die „Ausbeuterklasse", sondern auch zu Opfern des „Klassenverrats" der SPD gemacht. Die Deutung, dass nach dem „Versagen der Sozialdemokratie 1914" die 1918/19 gegründete KPD die eigentliche Interessenvertreterin der Werktätigen gewesen sei, war im kanonisierten Geschichtsbild der DDR fest verankert. Der „revolutionäre Kampf" in der Weimarer Republik wurde dabei im Gegensatz zu parlamentarischen und reformistischen „Irrwegen"

Soldaten der Nationalen Volksarmee leisten um 1965 in der Gedenkstätte Buchenwald ihren Fahneneid. Die DDR und ihre Armee sehen sich in der Tradition des kommunistischen Widerstands.

immer wieder als die einzig richtige und konsequente Haltung gegenüber dem „Ausbeuterstaat“ und seiner „Klassenjustiz“ herausgestellt. Zahlreiche in der DDR publizierte Quellensammlungen versuchten, diese Deutung zu stützen. Zur Bildikone für diesen Komplex wurden bewaffnete Arbeiter, die beispielsweise 1921 „ihr Mansfelder Industrierevier“ gegen die von SPD-Politikern in Marsch gesetzten hoch gerüsteten Polizeiverbände „verteidigten“. Die am Karabiner befestigte Rote Fahne wurde dann auch das Zeichen für die paramilitärischen „Kampfgruppen der Arbeiterklasse“, welche die SED nach dem Volksaufstand vom 17. Juni 1953 bildete. Zum mythischen Repertoire des bewaffneten Arbeiters werden auch ikonische Darstellungen erhöht, in denen frisch vereidigte NVA-Wehrpflichtige ihre Waffe aus den Händen von Arbeiterveteranen überreicht bekommen. Zur Erinnerung der Märzkämpfe in Mitteldeutschland im Jahr 1921 gab es auch Rituale im lokalen Rahmen. Im März versammelte man Pioniere an den Gedenksteinen „der Märzgefallenen“ zu Feierstunden. Dieser Strang der Gründungserzählung war vom narrativen Grundton letztlich ein heldenhafter Opfergang. Der Schuldanteil der KPD am Scheitern der Weimarer Republik spielte zunächst keine Rolle. Die Geschichtsmythen aus der Zeit des Nationalsozialismus zeigten, wie der „konsequente Antifaschismus“ der Kommunisten in den Tod, in die KZs und Zuchthäuser oder ins Exil führte.

„Dankbarkeit, Liebe und Verehrung für die große Sowjetunion haben […] in den Herzen und Hirnen unserer Menschen eine feste Heimstatt gefunden.“
Erich Honecker, 1976

ZWEITER GRÜNDUNGSMYTHOS: BEFREIUNG UND SIEG DES SOZIALISMUS

Dieser Mythos speist sich aus zwei Zuflüssen. Die eine Quelle liegt im sowjetischen Exil, wo die „Klassenbrüder“ den deutschen „Antifaschisten“ ihr Bündnis „anboten“. Das nationalsozialistische Deutschland war aus Sicht der vom bulgarischen Kommunisten Georg Dimitrow 1935 formulierten Definition die Diktatur „der reaktionärsten, am meisten chauvinistischen, am meisten imperialistischsten Elemente des Finanzkapitals“. Der „Faschismus“, und damit auch der „Hitler-Faschismus“, war nach den „Gesetzmäßigkeiten der Geschichte“ also Kapitalismus in seinem finalen Stadium. Der Verteidigungskrieg der Sowjetunion gegen das nationalsozialistische Deutschland war demnach ein Krieg des „gesellschaftlich höherentwickelten“ Sozialismus gegen den „rückständigen“ Kapitalismus, das letzte Gefecht einer zum

Das Propaganda-Romanheft *Damals in Eisleben* wird 1956 vom Zentralkomitee der SED herausgegeben.

Untergang verurteilten Gesellschaftsformation. Vor diesem Hintergrund bestätigte die Niederlage Deutschlands, die in Ostdeutschland vor allem als ein Sieg der Sowjetunion gedeutet wurde, auch noch die marxistisch-leninistische Geschichtsdeutung.

Die zweite Quelle des Mythos von der Befreiung und vom Sieg des Sozialismus liegt in den deutschen Konzentrationslagern, wo „Sozialdemokraten und Kommunisten wieder zusammenfanden" und einsahen, dass „die Einheit der Arbeiterklasse ihr höchstes Gut ist" und demzufolge 1946 auch „gemeinsam" die Sozialistische Einheitspartei Deutschlands (SED) gründeten. „Die Einheit der Arbeiterklasse und ihrer Partei"– also die Unmöglichkeit, irgendwelche Positionen der SED-Führung zu hinterfragen – sowie „die unverbrüchliche Freundschaft mit der Sowjetunion" – also die Unmöglichkeit, öffentlich die Selbstdeutung der Schutzmacht infrage zu stellen, gehörten zu den Dogmen in der DDR. Das neue „Sozialistische Deutschland" selbst bewies den geschichtlichen Sieg der „antifaschistischen" Widerstandskämpfer, indem es als deren Erbe ihre Ziele verwirklichte. In der monumentalen Erinnerungsstätte bei Weimar wurde 1958 diese Narration zu Stein: Programmatisch führte der Rundgang durch das ehemalige Konzentrationslager Buchenwald, vorbei an der Hinrichtungsstätte des einstigen KPD-Führers Ernst Thälmann, den Südhang des Ettersbergs hinab durch die ringförmig angelegten Massengräber und wieder hinauf zu der skulpturalen Inszenierung des Schwurs der KZ-Häftlinge, hinter welcher der „Turm der Freiheit" die Selbstbefreiung der Opfer mit den vom „Faschismus" befreiten Denkmalbesuchern verknüpfte. Der Mythos hob die DDR sowohl von der Vergangenheit des nationalsozialistischen Deutschland als auch vom „kapitalistischen" Konkurrenzstaat Bundesrepublik ab. Die Widerstandskämpfer, allen voran Ernst Thälmann als Identifikationsfigur der jungen „Thälmann-Pioniere", wurden zu mythischen Helden erhoben. Sie legitimierten zugleich die Vorherrschaft der Kommunisten bei der „antifaschistisch-demokratischen Umwälzung" nach dem Krieg und die dauerhafte Führungsrolle der SED in der DDR.

Das Treptower Ehrenmal in Ost-Berlin stellt einen sowjetischen Soldaten dar, der ein Kind gerettet hat und mit dem Fuß ein Hakenkreuz zertritt. Das Foto von 1952 zeigt eine Gruppe Junger Pioniere vor diesem Ort des Gedenkens an den 8. Mai, den „Tag der Befreiung".

Festzug am 7. Oktober 1959 in Dresden zum zehnjährigen Bestehen der DDR: Die neue Fahne, zu der nun auch das Wappen gehört, soll die Identifikation mit dem SED-Staat fördern.

Rituell besonders breit ausgebaut war der Mythos von der „Befreiung". Schon zum fünften Jahrestag des Kriegsendes, am 8. Mai 1950, wurde der „Tag der Befreiung" in Form eines Staatsfeiertags, welcher bis 1966 arbeitsfrei war, begangen. Im Jahr 1949 war das zentrale Ehrenmal für die gefallenen sowjetischen Soldaten in Berlin-Treptow vollendet worden. Das Bild von der riesigen Hauptstatue – einem sowjetischen Soldaten, der ein gerettetes deutsches Kind auf dem Arm trägt – wurde zur Ikone der Errettung, Befreiung und gemeinsamen Zukunft. Man reproduzierte es immer wieder auf Plakaten, Illustrationen, Abzeichen und Propagandamaterialien. Das Symbol diente gleichermaßen der Besatzungs- und Schutzmacht wie der SED. Die eingängige Geschichte vom Soldaten, der das Kind rettete, fand sich in Lieder-, Schul- und Kinderbüchern, in Zeitschriften und im *Pionierkalender*. In den 1950er Jahren waren zum „Tag der Befreiung" eine Reihe von Ritualen zu absolvieren. Schon am 7. Mai gab es nach Dienstschluss in Behörden, Betrieben und Schulen Feierstunden, am Tage darauf folgten Kundgebungen und Märsche zu Kranzniederlegungen auf den örtlichen sowjetischen Ehrenfriedhöfen oder an Ehrenmalen. Und es gab offizielle Dankesbesuche der staatlichen Repräsentanten bei den sowjetischen Behörden und Dienststellen sowie Kulturveranstaltungen für die ganze Bevölkerung. Seit 1958 wurde dieses Kernritual in eine ganze „Woche der deutsch-sowjetischen Freundschaft“ mit Delegationsaustausch, zahllosen Kulturveranstaltungen und sportlichen Wettbewerben eingebettet. Diese volksfestliche Ausrichtung des Staatsfeiertags unterstreicht, welche Botschaft an die Bevölkerung übermittelt werden sollte: Man feierte gemeinsam den Sieg über den „Faschismus“ und den Kapitalismus. Später erlebten selbst die Herrschenden diese Rituale als problematisch. 1975, in Vorbereitung des 30. Jahrestags der Befreiung fragte Werner Lamberz, Propagandachef im Apparat des ZK der SED: „Was empfinden die Heutigen, die fast schon dreißig Jahre im Frieden leben?“, und auch die Kulturwissenschaften suchten bis in die 1980er Jahre nach Formen „angemessenen Gedenkens“ durch die nachwachsenden Generationen. Wirkungslos blieb diese Art von Geschichtserziehung nicht: Ostdeutsche bewerten den Part der Sowjetunion an der Zerschlagung des Nationalsozialismus heute noch als entscheidend, Westdeutsche sehen hingegen den Anteil der westlichen Alliierten als bedeutender an.

DRITTER GRÜNDUNGSMYTHOS: DER „ARBEITER- UND BAUERNSTAAT“

Entwurf für das Staatswappen der DDR von Martin Hänisch, 1951/52.

Der erste Gründungsmythos vom opferreichen Kampf, von Verrat und Niederlage und der zweite Gründungsmythos von Befreiung und Sieg des Sozialismus waren unverzichtbar; denn sie verschafften der SED-Diktatur eine durch die Geschichte vermittelte Legitimität. Nach der nationalsozialistischen Herrschaft und dem Inferno des Zweiten Weltkriegs machten diese Mythen die „antifaschistische“ Macht- und Kulturelite der DDR unangreifbar. Doch genau das hatte eben auch seine problematische Seite: Es konfrontierte die Mehrheit der ostdeutschen Nachkriegsbevölkerung, die ehemaligen Volksgenossen und Mitläufer, mit ihrem Versagen. Wenn beim Pioniernachmittag handverlesene „Arbeiterveteranen“ den Kindern vom Kampf gegen die Ausbeuter und Faschisten erzählten, entsprachen diese Berichte eben nicht immer den Familienerzählungen der Eltern und Großeltern dieser Pioniere. Es gab aber im Mythenhaushalt der DDR ein Narrativ, das viel ziviler und weniger heroisch, dafür viel integrativer daherkam: der Mythos vom

„Arbeiter- und Bauernstaat". Er machte den Menschen ein Angebot, den „Aufbau einer neuen, gerechten und friedlichen Gesellschaft". Zudem verlieh dieser Mythos nach Jahrhunderten einer Geschichtsschreibung, die das Handeln „großer Männer" ins Zentrum gerückt hatte, auch dem „kleinen Mann" eine gewisse Relevanz. Denn obschon vor allem die Formel von der „Arbeiter- und Bauernmacht" eine reine Fiktion war, hielten die DDR-Arbeiter doch „das soziale Zepter" in der Hand. Denn die Ostdeutschen lebten zunehmend in einer entbürgerlichten, arbeiterlichen und egalitären Gesellschaft. In seiner Studie über die Ostdeutschen formulierte Wolfgang Engler 1999: „Anschauungen, Meinungen, Konventionen, Kleidungs- und Konsumgewohnheiten und nicht zuletzt die Alltagssitten, richteten sich nach den Normen und Idealen der arbeitenden Klassen." Die SED war gezwungen, ihre Politik als „den Interessen der Arbeiter, Bauern und aller Werktätigen" dienend zu kommunizieren. Ihre Sozialpolitik mag kontraproduktiv gewesen sein, eine Fiktion war sie nicht. Dass das Gemeinwesen auf den Schultern der Arbeiter ruht, galt damals für den Westen wie für den Osten. In der DDR war das aber auch noch Kern der staatlichen Propaganda. Die Botschaft, dass das Volk maßgeblich ist, zumindest sein sollte, ging an der DDR-Bevölkerung nicht vorbei. So war es auch kein Wunder, dass am 2. Oktober 1989 im Lande des „Volkseigentums", der „Volkskammer", der „Volksarmee" und der „Volkspolizei" Leipziger Demonstranten den Polizisten, die sich ihnen mit Sperrketten und der Lautsprecheransage „Hier spricht die Deutsche Volkspolizei!" entgegenstellten, spontan antworteten: „Wir sind das Volk!".

Der Mythos vom „Arbeiter- und Bauernstaat" wurde zum einen mit den Feierlichkeiten zum 1. Mai ritualisiert. An diesem Tag inszenierte sich die DDR als Teil der „bereits von Ausbeutung befreiten Völkergemeinschaft" und zeigte sich mit dem „kämpfenden Proletariat in den imperialistischen Ländern" solidarisch. Der wichtigste Tag für diesen Mythos war jedoch der ebenfalls arbeitsfrei gestellte „Tag der Republik" am 7. Oktober. Schon vor dem zweiten Republikgeburtstag 1951 hatte das DDR-Innenministerium eine Feierverordnung veröffentlicht. Sie schrieb für den Vorabend des Nationalfeiertags Feierstunden an den Arbeitsstätten und am 7. Oktober selbst die Beflaggung der Dienstgebäuden, Kundgebungen und Umzüge vor. Die Bevölkerung wurde aufgefordert, Spalier zu stehen und ihre Häuser mit Fahnen der Republik und der demokratischen Parteien und Massenorganisationen zu schmücken. Die hier verordneten Feierformen blieben über die gesamten 40 Jahre der Existenz der DDR Kernbestand des Repräsentationsrituals am 7. Oktober. Im Jahr 1952 jubelten dann schon Vertreter von Betrieben, der Freien Deutschen Jugend (FDJ), der Volkspolizei und Sportler aus Ost-Berlin in einem fünfeinhalbstündigen

Propagandaplakat für die Bodenreform von 1955.

Vorbeimarsch einer Ehrentribüne zu. Zudem lud man in allen Ost-Berliner Stadtbezirken zu Volksfesten mit Sportveranstaltungen und anderen Vergnügungen ein. Jahre später wurden die Feierlichkeiten noch in eine „Festwoche" zum Tag der Republik eingebunden. Damit war ein Grundbaustein des Rituals zur Feier des „Arbeiter- und Bauernstaats" gefunden. Der andere wird deutlich, wenn man die Dezennien-Feiern 1959, 1969, 1979 und 1989 untersucht. Denn während die Mythen vom opferreichen Kampf und von der Befreiung letztlich retrospektiv waren, blieb der Mythos vom „Arbeiter- und Bauernstaat" auf Gegenwart und Zukunft bezogen. Mit den Dezennien-Feiern setzte die SED-Führung mit einem – natürlich geschönten – bilanzierenden Blick die Zeitlichkeit, Vergangenheit und mögliche Zukunft des „Arbeiter- und Bauernstaats" in Szene. Zu den wichtigen Ritualen, die den Mythos vom „ersten Arbeiter- und Bauernstaat auf deutschem Boden" umsetzten, gehörte deshalb auch der „Fackelzug der FDJ" am Vorabend des Nationalfeiertags, der zeigen sollte, dass die DDR eine sichere Zukunft habe.

DIE GRÜNDUNGSMYTHISCHE TRINITÄT DER DDR

Der kurze Überblick hat gezeigt, dass die Mythen der DDR nur in ihrer Dreieinigkeit wirken konnten. Sie hatten die Aufgabe, die Herrscher und ihre Ideologie zu legitimieren und eine Vision bereitzustellen, die sich nicht in reiner Transzendenz erschöpfte, sondern auch hinreichend immanent blieb. Dabei wurden verschiedene Milieus von den Realitäten und Narrativen der DDR auf verschiedene Weise angesprochen. Der gegenseitige Bezug der Erzählungen vom opferreichen Kampf, von der Befreiung und vom Sieg sowie vom „Arbeiter- und Bauernstaat" wird aber nicht nur in der kritischen Retrospektive deutlich, er war auch im Selbstbewusstsein der damaligen Herrscher präsent. Da es ohne den 8. Mai 1945 keinen Neuanfang am 7. Oktober 1949 gegeben hätte, konstatierte DDR-Innenminister Karl Steinhoff, als er im April 1950 die beiden neuen Staatsfeiertage dekretierte, gehörten der „Tag des Dankes an die Sowjetunion" und der „Tag des Stolzes auf die eigenen Leistungen" zusammen. Im Übrigen ist festzustellen, dass das Set der DDR-Mythen wohl auch deswegen bei einem Teil der DDR-Bevölkerung seine Suggestivkraft bewahren konnte, weil es in seiner Gesamtheit zu einem tradierten narrativen Muster passte, nämlich der Geschichte von Kampf, Opfer, Erlösung und Verheißung.

Schiebefax zum 40. Jahrestag des „Tags der Befreiung".

Peter Paul Schwarz

„Befreiung" von der Vergangenheit?

Von 1937 bis 1945 war das Konzentrationslager Buchenwald mit fast 270.000 Insassen aus allen Ländern Europas eines der größten im nationalsozialistischen Deutschland. Nach dem Zweiten Weltkrieg ließ das SED-Regime auf dem Ettersberg bei Weimar die „Nationale Mahn- und Gedenkstätte Buchenwald" errichten. Dem 1958 eingeweihten ersten Nationaldenkmal der DDR auf dem Gelände des ehemaligen KZ kam für den offiziellen ostdeutschen Gründungsmythos „Antifaschismus" eine zentrale Bedeutung zu. Um die identitätsstiftende Erzählung über die Vergangenheit breit zu verankern, wurde der historische Ort Buchenwald der Historikerin Raina Zimmering zufolge als „mythische Geburtsstätte der DDR" inszeniert. Dazu gehörte, dass die Nutzung des Konzentrationslagers als sowjetisches Speziallager Nr. 2 in den Jahren 1945 bis 1950 tabuisiert wurde. Die Lagerbaracken wurden nahezu vollständig abgerissen, um Platz für die geplante Gestaltung der Gedenkstätte zu schaffen.

Im März 1952 prämierte das für die Neukonzeption der Erinnerungsstätte zuständige Preisgericht unter Vorsitz von DDR-Ministerpräsident Otto Grotewohl einen Entwurf, der als Zentrum der Gedenkanlage eine Gruppenplastik des Bildhauers Fritz Cremer vorsah. Die beiden Bronzefiguren gehören zum ersten von insgesamt drei Entwürfen des später als *Buchenwalddenkmal* bekannt gewordenen Werks. Die Skulptur lehnt sich an die von Auguste Rodin geschaffene Plastik *Die Bürger von Calais* (1895) an. Cremer gab hier den vom Leid gezeichneten, anklagenden Individuen ein Gesicht. Doch das rein menschliche Leid genügte den Kulturfunktionären nicht zur beabsich-

Das Denkmal ist Teil der „Nationalen Mahn- und Gedenkstätte Buchenwald".

tigten politischen Sinnstiftung. Gefordert wurde ein Kunstwerk, das die „Selbstbefreiung" der Buchenwald-Häftlinge und den „siegreichen" kommunistischen Widerstand über den „Faschismus" propagiert.

In seinem zweiten Entwurf reagierte Cremer auf den politischen Druck: Unter der Fahne der Kommunisten versammelt sich nun eine kämpferische Gruppe Inhaftierter. Angeführt wird sie von einem Häftling mit den Gesichtszügen von Ernst Thälmann, dem 1944 in Buchenwald erschossenen und in der DDR zur Ikone erhobenen Vorsitzenden der Kommunistischen Partei Deutschlands, in deren Tradition sich die DDR-Staatspartei SED sah. In diesem Entwurf dominierte die politische Aussage. Individuelles Leid verschwand hinter einer Fassade siegesbewussten Heldentums. Doch nun war der Bildhauer selbst mit seiner Arbeit unzufrieden. Unter den kunstpolitischen Zwängen habe er, wie er selbstkritisch einräumte, seinen künstlerischen Maßstab verloren. Auch traf Cremer nicht die Erwartungen der Kulturfunktionäre: Interessanterweise war es ausgerechnet die Konzentration auf den deutschen Kommunismus, die der gewünschten Deutung vom „gesetzmäßigen" Sieg des Kommunismus in der Menschheitsgeschichte widersprach.

Erst Cremers dritter Entwurf wurde realisiert. Elf unterschiedliche Figuren vom „Zweifler" über den „Diskutierenden" bis hin zum „Kämpfer", dem „Schwörenden" und dem Kind sind nun unter der Roten Fahne vereint. Das Figurenensemble vermittelt den geschichtspolitisch gewollten Eindruck einer breiten und siegreichen Front der „Antifaschisten" unter Führung der Kommunisten. Da die DDR für sich in Anspruch nahm, in dieser „antifaschistischen" Tradition zu stehen, um sich nach innen und außen als der „bessere deutsche Staat" zu legitimieren, sollte Buchenwald als zentraler Erinnerungsort dieses Geschichtsbild festschreiben. Dies erklärt die politischen Konflikte um Cremers Plastik.

Mit Mitteln der Kunst versuchten die Kulturfunktionäre, die offizielle „antifaschistische" Gründungserzählung zu popularisieren. Die drei Entwürfe von Fritz Cremer zum Buchenwald-Denkmal veranschaulichen die Bemühungen des SED-Regimes, einen nationalen Gründungsmythos für die DDR zu schaffen, der zugleich von der Verantwortung für die nationalsozialistische Vergangenheit befreien sollte.

Figurenpaar aus dem Entwurf des Buchenwalddenkmals von Fritz Cremer aus dem Jahr 1952.

Andreas Rödder

DEUTSCHE REVOLUTION 1989?
EIN GRÜNDUNGSMYTHOS
IM ENTSTEHEN

10 JAHRE
1989-1999
THE PEOPLE

„FRIEDLICHE REVOLUTION“

„Wahnsinn“ war das wohl meistgesagte Wort in der Nacht vom 9. auf den 10. November 1989.

Vorherige Doppelseite: Jubelnde Menschen auf der Berliner Mauer: Am 9. November 1989 ist Wirklichkeit, was noch kurz zuvor undenkbar schien. Seither feiern die Deutschen den Mauerfall als Sieg der Freiheit und Vorbote der Einheit.

Links: Die Medaille erscheint zum zehnjährigen Jubiläum des Mauerfalls.

„Wahnsinn“ war das wohl meistgesagte Wort in der Nacht vom 9. auf den 10. November 1989, als die Berliner Mauer fiel und die Revolution gegen die Herrschaft der SED in der DDR ihren Höhepunkt erlebte – und zugleich ihren Wendepunkt.

Denn statt sich zu radikalisieren, wie es etwa die Französische Revolution von 1789 oder die russischen Revolutionen von 1917 getan hatten, ging die friedliche Revolution von den Straßen der DDR in die geordneten Bahnen einer staatlichen Wiedervereinigung mit der Bundesrepublik über, in der die westdeutsche Regierung bald zur bestimmenden Kraft wurde.

„Wahnsinn“ war die gesamte Entwicklung: völlig unerwartet, umwälzend und in einem Tempo, dass den Zeitgenossen Hören und Sehen verging. Aber wie sollte man das Ganze nennen, in Worte fassen? Bald war von der „Wende“ die Rede, von „Umbruch“ und „Zusammenbruch“, „Implosion“ und „Friedlicher Revolution“ – Begriffe von unterschiedlich weit reichender Bedeutung, die oftmals zugleich politisch-moralische Werturteile enthielten.

„Wende“ war ein offener Begriff für den gesamten Vorgang, allerdings mit einer bestimmten Schlagseite. Denn es war niemand anderes als Egon Krenz, der Nachfolger Erich Honeckers als Generalsekretär der SED und somit einer der letzten Vertreter der alten Kräfte, der ihn in der Absicht aufbrachte, den grundstürzenden Charakter der Proteste gegen die SED-Diktatur zu einer systemimmanenten Kurskorrektur kleinzureden. Daher ist der Begriff der „Wende“ zur Kennzeichnung der gesamten Entwicklung ebenso zu schwach wie der Begriff „Umbruch“. Das Etikett „Zusammenbruch“ benennt einen wichtigen Aspekt: ein handlungsunfähiges, marodes Herrschaftssystem, das unter dem Anstoß der Bürgerbewegung kollabierte – doch es blendet, und mehr noch gilt dies für den Begriff der „Implosion“, eben diesen Anstoß und somit den Anteil der Bürgerbewegung aus, denn ganz von allein brach das Regime nicht zusammen.

Mauerdurchbruch am Brandenburger Tor.

Umgekehrt verhielt es sich mit dem Begriff der „Friedlichen Revolution“, insbesondere in der Schreibweise mit großem F. Er schrieb allein der Opposition beziehungsweise der Bürgerbewegung die entscheidende Bedeutung dafür zu, das Ende des SED-Regimes in einer „Selbstbefreiung“ des Volks bewirkt zu haben, und blendete darüber andere entscheidende Faktoren aus: den Zerfall der sowjetischen Herrschaft und die Schwäche des Regimes ebenso wie die Dimension der darauf folgenden deutschen Einheit.

Nun sind analytische Schwächen und inhaltliche Verkürzungen kein Hindernis für die Bildung von Mythen – im Gegenteil: Die „Friedliche Revolution“ bot sich als die Erzählung von der ersten endlich geglückten demokratischen Bürgerrevolution in der deutschen Geschichte an. Dass sich die „Friedliche Revolution“ begrifflich nicht durchsetzte, hatte eher einen anderen Grund: Im vereinten Deutschland spielten ostdeutsche Stimmen, jedenfalls im ersten Jahrzehnt, nur die zweite Geige. Dies zeigte sich vor allem im Potpourri der Memoiren, die kurz nach 1990 in großer Zahl erschienen.

„Wir sind ein Volk“: Demonstranten weisen schon im Herbst 1989 auf die Zusammengehörigkeit von Ost- und Westdeutschen hin.

DIE WIEDERVEREINIGUNG

Während sich die gestürzten Machthaber der DDR zu rechtfertigen suchten, mussten Vertreter der Opposition, die den Herbst 1989 getragen hatten, ihre Marginalisierung im Verlauf der Wiedervereinigung erklären. Demgegenüber erzählten westliche Politiker von George Bush und James Baker bis Helmut Kohl und Hans-Dietrich Genscher ihre Erfolgsgeschichten. Dies schlug sich auf westdeutscher Seite in der „Kaukasus-Legende" nieder. Gemeint ist damit die Erzählung westdeutscher Politiker, dass sie Gorbatschow beim sowjetisch-deutschen Gipfel im Kaukasus am 15. Juli 1990 das Zugeständnis abgerungen hätten, einer gesamtdeutschen Mitgliedschaft in der NATO zuzustimmen, die der Kreml zuvor über Monate strikt abgelehnt hatte. „Es war jener Tag, der zu Recht als entscheidender Durchbruch auf dem Weg zur deutschen Einheit betrachtet wird", so schrieb Helmut Kohl später. „Am Ende unserer Gespräche war klar, dass die Sowjetunion der Wiedervereinigung Deutschlands zustimmen würde." Dahinter stand nicht weniger als die Erzählung von der endlich erfolgreichen großen Politik in Deutschland – nach den verheerenden Fehlschlägen deutscher Weltpolitik im 20. Jahrhundert.

Nun war der sowjetisch-deutsche Gipfel im Juli 1990, auf dem zentrale Vereinbarungen ausgehandelt wurden, zweifellos ein Meilenstein auf dem Weg zur deut-

Zustimmung der Alliierten: Im Juli 1990 treffen sich Bundeskanzler Helmut Kohl (rechts), Staatspräsident der Sowjetunion Michail Gorbatschow (Mitte) und Bundesaußenminister Hans-Dietrich Genscher (links) zum Gipfel im Kaukasus.

schen Einheit. Das in der Tat sensationelle sowjetische Zugeständnis, dass ein vereintes Deutschland seine Zugehörigkeit zu einem militärischen Bündnis frei wählen könne – was nichts anderes hieß, als dass Moskau der NATO-Mitgliedschaft eines vereinten Deutschlands zustimmte –, hatte Gorbatschow allerdings schon sechs Wochen zuvor gemacht: beim amerikanisch-sowjetischen Gipfel in Washington gegenüber dem Präsidenten der USA und somit auf der Ebene der Supermächte.

DER MYTHOS DER DEUTSCHEN EINHEIT

Auch hier musste die verkürzte Geschichte von der weltpolitischen Handlungsfähigkeit der deutschen Politik der Bildung eines Mythos nicht im Wege stehen. Sie wurde durch eine geschichtspolitische Offensive Helmut Kohls befördert, der zum Ende seiner Kanzlerschaft Ende der 1990er Jahre vorzeitig eine *Sonderedition aus den Akten des Bundeskanzleramtes 1989/90* und eine auf den internen Dokumenten beruhende vierbändige *Geschichte der deutschen Einheit* publizieren ließ, die beide die zentrale Bedeutung des Kanzleramts im Prozess der Wiedervereinigung begründeten.

Dieser Erzählstrang erlitt einen Bruch mit der Abwahl Helmut Kohls im Jahr 1998. Mit dem Regierungswechsel zur rot-grünen Koalition, den andauernden und unerwartet großen Folgelasten der deutschen Einheit und der allgemeinen Krise des „Modells Deutschland" nach der Jahrtausendwende – die Zeitgenossen sprachen vom „Abstieg eines Superstars" – war den Deutschen nicht nach der Erfolgsgeschichte der Einheit zumute. *Am Ziel vorbei* oder *Warum die Einheit unser Land gefährdet*, so lauteten stattdessen die Buchtitel der Zwischenbilanzen nach 15 Jahren. Dann aber änderte sich die Perspektive, als Deutschland von 2005 an seinen großen Wiederaufstieg erlebte und sich in dieser Stimmung die 20-jährigen Jubiläen 2009/10 näherten.

In diesem Zusammenhang erfuhr die deutsche Erinnerungskultur einen kräftigen Schub, indem sich die regierungsoffiziellen Feierlichkeiten besonders auf den 9. November konzentrierten. Vor dem Brandenburger Tor wurde in Anwesenheit

Für den Wahlkampf zu den ersten freien Volkskammerwahlen am 18. März 1990 steuern westdeutsche Parteien zahlreiches Werbematerial bei.

prominenter internationaler Repräsentanten – dem britischen Premierminister Gordon Brown, dem französischen Präsidenten Nicolas Sarkozy, der US-amerikanischen Außenministerin Hillary Clinton und dem russischen Präsidenten Dimitri Medwedew, den Präsidenten der Europäischen Kommission und des Europäischen Parlaments José Manuel Barroso und Jerzy Buzek sowie den Elder Statesmen Lech Wałesa, Michail Gorbatschow und Henry Kissinger – am 9. November 2009 ein multimedial und mit Showgrößen wie Thomas Gottschalk inszeniertes „Fest der Freiheit“ gefeiert, dessen Höhepunkt darin bestand, eine Mauer aus Dominosteinen symbolisch zu Fall zu bringen.

Hier flossen die Inhalte zusammen, die im Begriff der „Friedlichen Revolution“ und in der „Kaukasus-Legende“ angelegt gewesen waren, sich aber nicht durchgesetzt hatten: die Geschichte von Freiheit und Demokratie in Deutschland ebenso wie die geglückte internationale Politik Deutschlands mitten in Europa und inmitten der internationalen Staatengemeinschaft. Vor dem Brandenburger Tor schien sich der Traum der Charta von Paris zu erfüllen, mit der die Staaten der KSZE im November 1990 ein „Zeitalter der Demokratie, des Friedens und der Einheit“ ausgerufen hatten – bevor die Krise der Europäischen Währungsunion und die russische Annexion der Krim die Verhältnisse in Europa im zweiten Jahrzehnt des 21. Jahrhunderts in ihren Grundfesten erschütterten.

Dennoch blieb der 9. November das Referenzdatum der – wenn auch deutlich gedämpfteren – 25-Jahr-Feierlichkeiten 2014/15. Es überstrahlte sowohl den

Am 12. September 1990 schließen die beiden deutschen Staaten und die vier Siegermächte des Zweiten Weltkriegs den 2+4-Vertrag in Moskau. Im Bild vorne (v. l. n. r.): Roland Dumas (Frankreich), Lothar de Maizière (DDR) und Hans-Dietrich Genscher (Bundesrepublik Deutschland).

1000 DOMINOSTEINE FALLEN – SEI DABEI

Das „Fest der Freiheit" ist der Höhepunkt des Berliner Themenjahres „20 Jahre Mauerfall". Berlinerinnen, Berliner und Gäste aus aller Welt feiern dieses denkwürdige Jubiläum gemeinsam mit Vertretern der DDR-Opposition, Zeitzeugen, Staatsgästen und Persönlichkeiten aus Politik und Kultur.

Bürgerbewegungen in Polen, Ungarn, der ehemaligen Tschechoslowakei und in der DDR haben mit Mut und beharrlichem Freiheitswillen die Diktaturen zum Einsturz gebracht, das Tor zur Freiheit aufgestoßen und einen „Dominoeffekt" ausgelöst. Die Überwindung der deutschen und europäischen Teilung wurde möglich. Berlin sagt Danke.

Broschüre zu den Feierlichkeiten zum 20. Jubiläum des Mauerfalls vom 7. bis 9. November 2009.

9. Oktober, an dem die friedliche Massendemonstration in Leipzig 1989 gegen die bewaffneten Kräfte des Regimes obsiegt hatte, als auch alle Daten des Wiedervereinigungsprozesses wie die sowjetisch-deutschen Gipfel im Februar oder im Juli 1990, den amerikanisch-sowjetischen Gipfel im Mai, die Unterzeichnung des 2+4-Vertrags im September, die Unterzeichnung der Staatsverträge, den Beitrittsbeschluss der Volkskammer oder den Tag der Deutschen Einheit am 3. Oktober, dessen Bürgerfeste nie die Anmutung der Feierlichkeiten des 9. November gewannen. Auch wenn der 9. November also den 9. Oktober und die

„Und wir haben es doch erfahren: Wer sich den Herausforderungen stellt, findet auch Lösungen. Gerade jetzt, 25 Jahre nach der Friedlichen Revolution, erinnern wir daran, dass sich die Verhältnisse zum Besseren wenden lassen."

Bundespräsident Joachim Gauck, 2014

Erstmalig erscheint zum 25. Jahrestag der Wiedervereinigung 2015 eine 25-Euro-Gedenkmünze.

Wiedervereinigung ausblendete, so stand er doch zugleich für alles gemeinsam – für die Bürgerbewegung gegen die SED ebenso wie für die Deutsche Einheit, deren Stand seit 2009 vor allem am Tag des Mauerfalls diskutiert wird.

Wenn alles zusammenkommt, besteht die Gefahr, dass manches durcheinandergeht und an Trennschärfe verliert. So hat sich mit dem 9. November auch ein Konsens über die deutsche Nachkriegsgeschichte eingestellt, der verschiedene Stadien der bundesdeutschen Außenpolitik, die alle in ihrer Zeit hoch umstritten waren, zu einem großen Ganzen integriert: Konrad Adenauers Westbindung und Willy Brandts Ostpolitik, Hans-Dietrich Genschers KSZE und Helmut Schmidts NATO-Doppelbeschluss sowie Helmut Kohls Politik der deutschen Einheit und der europäischen Einigung – in dieser Lesart münden sie alle in die Wiedervereinigung als Fluchtpunkt einer Erfolgsgeschichte. Eine solche nachträgliche Harmonisierung ruft analytisches Unbehagen hervor, weil sie es sich zu einfach macht – und zugleich ist dieses geschichtswissenschaftlich-analytische Unbehagen das beste Indiz dafür, dass sich hier ein politisch-kultureller Mythos gebildet hat, der davon lebt, dass er einerseits unzulässig vereinfacht und andererseits grundsätzlich stimmt. Der 9. November vereint sowohl die Bürgerbewegung in der DDR als auch die deutsche Wiedervereinigung, und damit steht er für das, was 1989/90 in der Tat war: eine deutsche Revolution.

Denkmal an der Nikolaikirche in Leipzig: Die Säule nach dem Entwurf des Künstlers Andreas Stötzner erinnert an den Herbst 1989.

Florian Pauls

Berliner „Lichtgrenze" – Geschichte als Event

Am 12. Dezember 2014 kürte die Gesellschaft für deutsche Sprache den Begriff „Lichtgrenze" zum Wort des Jahres. Die Sprachhüter begründeten ihre Wahl unter anderem mit dem Argument, dass das Wort „in besonderer Weise die großen Emotionen" widerspiegele, „die das Ende der DDR-Diktatur im Herbst 1989 auch 25 Jahre später noch in ganz Deutschland hervorruft". Noch wenige Wochen zuvor war der Begriff in der Öffentlichkeit allerdings nahezu unbekannt.

Die Idee, die Erinnerung an friedliche Revolution, Mauerfall und Wiedervereinigung durch zentrale Veranstaltungen mit einem großen Publikum zu feiern, hat mittlerweile Tradition. Bereits seit 1990 organisiert das Bundesland, das jeweils im Bundesrat den Vorsitz innehat, am 3. Oktober das sogenannte Deutschlandfest. Seit einigen Jahren richtet Coca-Cola am deutschen Nationalfeiertag das „Festival der Einheit" vor dem Brandenburger Tor in Berlin aus. Seit 2009 organisiert die Leipziger Tourismus und Marketing GmbH das „Lichtfest" in Erinnerung an die Montagsdemonstration vom 9. Oktober 1989. Ebenfalls 2009 organisierte die Kulturprojekte Berlin GmbH erstmals eine Großveranstaltung anlässlich des 20. Jubiläums des Falls der Berliner Mauer.

Das größte Event, mit dem das Jubiläum dieses zentralen Ereignisses der deutschen Geschichte im 20. Jahrhundert begangen wurde, war die „Lichtgrenze". 8.000 Kunststoffstelen markierten vom 7. bis 9. November 2014 den 15 Kilometer langen Verlauf der ehemaligen Sektorengrenze im Zentrum Berlins. Auf den Stelen angebrachte Ballons wurden durch eine in die Verankerung eingebaute Beleuchtung illuminiert. Die Urheber der Idee, die Brüder Christopher und Marc Bauder, hatten ihr Konzept bereits für das 20-jährige Jubiläum des Mauerfalls bei den Organisatoren eingereicht – zunächst ohne Erfolg.

Im Unterschied zu 2009 hatten die Feierlichkeiten 2014 weniger den Charakter eines Staatsakts als vielmehr den eines Volksfests. Vor der Kulisse des Brandenburger Tors fand ein Musikfestival mit Hunderttausend Zuschauern statt. Berliner und Touristen spazierten oder fuhren den durch die Lichtinstallation wieder sichtbar gemachten Grenzstreifen ab. Höhepunkt war das Aufsteigen der auf den Stelen befestigten Ballons in den Nachthimmel – eine Aktion, die symbolisch für die Ereignisse vom 9. November 1989 stehen sollte. Für die Bedienung des Auslösemechanismus waren Paten verantwortlich, die ihre Ballons im Rahmen des Festakts zeitgleich mit einer angehängten Botschaft in die Freiheit entlassen sollten. Die meisten Ballons gingen nördlich von Berlin zu Boden, einige jedoch flogen viel weiter – sogar bis in die lettische Hauptstadt Riga. Auf einer Webseite wurden die Fundorte der Ballons und die angehängten Nachrichten dokumentiert.

Die Popularität des „Lichtgrenze"-Events war enorm. Rund eine Million Touristen hielten sich an dem Gedenkwochenende in Berlin auf. Tausende Schaulustige drängelten sich an den historischen Orten entlang der alten Sektorengrenze wie zum Beispiel an den ehemaligen Grenzübergängen Bornholmer Straße oder Checkpoint Charlie. Nach dem Aufsteigen der Ballons haben sich nicht wenige Menschen eine Leuchtstele als Souvenir „mitgenommen".

Die „Lichtgrenze" beeinflusste auch die Wahrnehmung des historischen Ereignisses. Wichtige Weichenstellungen für das Ende der DDR wie die Zivilcourage von Bürgerrechtlern oder die Montagsdemonstrationen sind nicht in gleicher Weise publikumswirksam zu inszenieren. Den Mauerfall konnte die Welt seinerzeit live im Fernsehen verfolgen.

Die Berliner Mauer als Symbol des Kalten Kriegs hat sich in der Wahrnehmung der Besucher von einer lebensgefährlichen Grenzanlage zu einer Touristenattraktion gewandelt. Ihren vorläufigen Höhepunkt fand diese Entwicklung am 9. November 2014 mit der „Lichtgrenze".

Die Einladung zur „Lichtgrenze" enthält einen Stadtplan von Berlin mit eingezeichnetem Verlauf der Grenze und farblich gekennzeichneten Entdeckungstouren. Leuchtende Ballons markieren die frühere Grenze.

Harald Biermann

FRIEDEN ALS HÖCHSTES GUT? MYTHISCHES SELBSTBILD MIT DOPPELTER TRADITION

Nie wieder!
darum verhandeln.

ANFÄNGE

Dass diese Gewaltorgie nicht ohne Folgen
für das kollektive Bewusstsein der Deutschen bleiben konnte,
liegt aus der Rückschau klar auf der Hand.

Im Januar 1945 hatte die deutsche Wehrmacht den Tod von über 450.000 Soldaten zu beklagen. Das heißt, an jedem Tag dieses Monats starben durchschnittlich 15.000 Mann – dies waren die höchsten Verluste an Menschenleben in der deutschen Militärgeschichte. Auch in den Folgemonaten bis zur bedingungslosen Kapitulation der Wehrmacht am 8. Mai 1945 verharrten die Todeszahlen auf fürchterlichem Niveau.

Dass diese Gewaltorgie nicht ohne Folgen für das kollektive Bewusstsein der Deutschen bleiben konnte, liegt aus der Rückschau klar auf der Hand. Viele Einstellungen in Deutschland zum Thema Krieg und Frieden haben hier ihren Ursprung. Es ist wohl keine Übertreibung, von kollektiver Traumatisierung zu sprechen. Daher nimmt es nicht Wunder, dass in den vergangenen 70 Jahren stets mit großer Leidenschaft um dieses Thema gerungen wurde. Allerdings schlugen die Debatten in vielen Fällen in hoch emotionale Auseinandersetzungen um, in denen oftmals nicht das bessere Argument siegte, sondern der gefühlvolle Appell an die tief verwurzelte Friedenssehnsucht der Deutschen.

Vorherige Doppelseite: Am 22. Oktober 1983 bilden Zehntausende von Demonstranten eine Menschenkette von den amerikanischen Wiley-Barracks in Neu-Ulm bis nach Stuttgart.

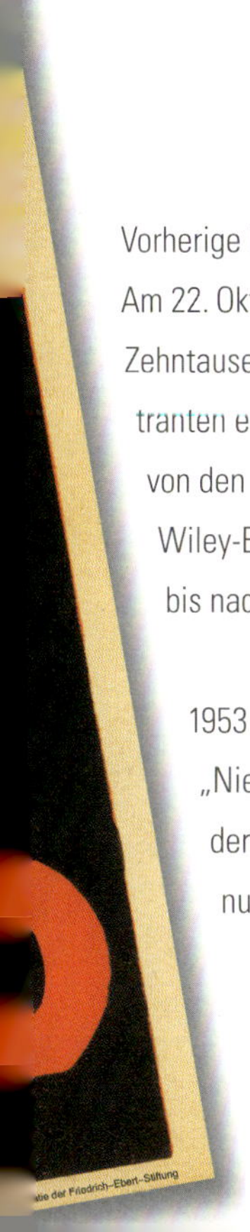

1953 fordert die SPD „Nie wieder!“: Plakat aus der Antiwiederbewaffnungskampagne der SPD.

Direkt nach der katastrophalen Niederlage des Zweiten Weltkriegs setzte sich vonseiten der Besatzungsmächte – vornehmlich im Westen des untergegangenen Deutschen Reichs – eine gewaltige Umerziehungsmaschinerie in Gang. Aus den Deutschen, die in großer Mehrzahl ihrem „Führer“ Adolf Hitler bereitwillig in den Abgrund gefolgt waren, sollten friedfertige Staatsbürger werden, die über kurz oder lang in der Lage sein sollten, eine stabile Demokratie zu errichten. Im Zentrum der

Die Junge Union Berlin wirbt im März 1952 für eine Veranstaltung zum Thema „Verteidigt den Frieden! Europas Abwehrfront braucht deutschen Beitrag" bei der Franz Josef Strauß und Robert Tillmanns sprechen.

alliierten Bemühungen stand das Ziel, den Deutschen ihren gleichsam angeborenen Militarismus auszutreiben. Vor allem in der britischen und amerikanischen Besatzungszone richteten sich die Anstrengungen auf die Auslöschung preußischer Traditionen. Denn Preußen wurde in London und Washington als Verkörperung nahezu aller deutschen Fehler angesehen: aggressiver Militarismus, übersteigerte Staatsgläubigkeit und Kadavergehorsam. Glücklicherweise – so die damalige Lesart – befanden sich die Kernprovinzen Preußens hinter der Demarkationslinie zur sowjetischen Besatzungszone, aus der schnell der „Eiserne Vorhang" werden sollte. Trotz großer Spannungen im Alliierten Kontrollrat einigten sich die vier Mitglieder am 25. Februar 1947 auf die endgültige Auflösung Preußens – damit schien auch der Militarismus aus der deutschen Zukunft verbannt.

Übrigens schlossen sich nicht wenige Westdeutsche dieser grob vereinfachenden Interpretation der deutschen Geschichte an. Diese offensichtliche Entlastungsstrategie fand großen Widerhall in der westdeutschen Öffentlichkeit. Die Preußenabneigung Konrad Adenauers avancierte rasch zu einer prägenden Erzählung, die Distanz zur Entwicklung in Deutschland vor 1945 schaffen sollte.

Die sowjetischen Behörden begannen in ihrer Besatzungszone zügig mit dem Aufbau von Strukturen, die sich an Denkmodellen und Verfahrensweisen der stalinistischen Diktatur in der UdSSR orientierten. Unterstützt von deutschen Kommunisten – entweder aus dem Moskauer Exil zurückgekehrt oder aus den nationalsozialistischen Gefängnissen und Konzentrationslagern befreit – setzten die Machthaber auf den Marxismus-Leninismus Stalin'scher Prägung und nutzten die politischen Säuberungen gegen Funktionsträger der Hitler-Diktatur, um auch andere weltanschauliche Gegner systematisch auszuschalten.

Zur Herrschaftssicherung bedienten sich die Kommunisten des sogenannten Antifaschismus, der nicht nur eine deutliche Entlastungskomponente aufwies, sondern eben auch per definitionem festlegte, dass die Sowjetunion und ihre Verbündeten für Frieden und Völkerverständigung eintraten. Wer sich dieser Sichtweise

Das Wahlplakat der hessischen FDP thematisiert 1949 die Entnazifizierungspraxis der Alliierten.

e Arbeiter-und-Bauern-Macht

IE VOLKSARMEE

ORGAN DES MINISTERIUMS FÜR NATIONALE VERTEIDIGUNG

Nationale Volksarmee – ine Armee des Friedens

VON GENERALLEUTNANT HEINZ HOFFMANN

verschloss, wer nicht einsah, dass der Kommunismus der Weg zu Frieden und Wohlstand, ja zu echter Freiheit sei, der war „Faschist".

Schon in der sowjetischen Besatzungszone installiert, dominierte der „Antifaschismus" auch während der 40-jährigen Existenz der DDR alle Fragen, die mit Krieg und Frieden verbunden waren: Die fortschrittlichen Kräfte – also die Sowjetunion und ihre Verbündeten – standen für Frieden, die „faschistischen" Kräfte – also die USA und ihre Verbündeten – für Krieg. Die Bevölkerung in der DDR war dieser Propaganda über vier Jahrzehnte ausgesetzt. Obwohl der „Antifaschismus" spätestens in den 1980er Jahren seine Strahlkraft nahezu verloren hatte, beeinflusste seine Anklage vor allem gegenüber den „kriegstreiberischen" Vereinigten Staaten von Amerika doch Grundeinstellungen der Ostdeutschen – mit Auswirkungen bis zum heutigen Tag.

Oben: Laut SED ist der stete Kampf für den Frieden Wesensmerkmal des zweiten deutschen Staats. Doch in der DDR soll der Frieden bewaffnet sein. So preist *Die Volksarmee* das Militär in der DDR im Februar 1959 als „eine Armee des Friedens".
Rechts: Eine Friedenstaube umrankt das DDR-Emblem.

DEMOKRATISCHER NEUBEGINN

Der Unterschied zwischen der Reichsproklamation 1871 – damals tief im Feindesland mit waffenstarrender Überschwänglichkeit – und der Gründung der Bundesrepublik Deutschland am 23. Mai 1949 in der kleinen Stadt am Rhein konnte nicht größer sein. Bewusst nüchtern, ja schmucklos, jedenfalls ohne Glanz und Gloria unterzeichneten die Abgeordneten des Parlamentarischen Rats in Bonn das Grundgesetz und gaben damit dem westdeutschen Teilstaat eine demokratische Verfassung. Die Bundesrepublik Deutschland war zunächst kein souveräner Staat und verfügte selbstredend auch nicht über irgendwelche Streitkräfte. Zu ihrem Schutz vor einer möglichen Aggression durch die Sowjetunion war sie letztlich auf das Wohlwollen und die Zusagen der westlichen Alliierten angewiesen, die sich zwischenzeitlich zur NATO zusammengeschlossen hatten.

Dass diese historisch nahezu einzigartige Konstellation nicht zukunftsfähig sein würde, war eine Einsicht, die bereits schwer auf den Entscheidungsträgern lastete. Wie sollte ein Staat, der an der Nahtstelle des Kalten Kriegs lag, dauerhaft existieren ohne eigenständige Fähigkeit zur Verteidigung? Obwohl zeit seines Lebens skeptisch gegenüber allem Militärischen war Konrad Adenauer nüchtern genug, um klarsichtig zu erkennen, dass der alte Leitsatz der Römer „si vis pacem, para bellum“ – willst du den Frieden, bereite den Krieg – auch in der Mitte des 20. Jahrhunderts nichts von seiner Gültigkeit eingebüßt hatte. Konsequent setzte der erste Bundeskanzler auf einen westdeutschen Wehrbeitrag, der angesichts der nordkoreanischen Aggression am 25. Juni 1950 und den offensichtlichen Parallelen zur Situation im Herzen Europas mit höchster Dringlichkeit auf die weltpolitische Tagesordnung drängte.

In der jungen Bundesrepublik stieß diese Einsicht sofort und unmittelbar auf Ablehnung. Bereits zu Beginn der 1950er Jahre hatten sich Teile der westdeutschen Gesellschaft innerlich dem Pazifismus zugewandt: Krieg war als das größtmögliche Übel identifiziert, Friedenserhalt galt als höchster Wert. Trotz der unmittelbaren Bedrohung durch die Sowjetunion unter ihrem Diktator Josef Stalin und trotz der Bereitschaft der ehemaligen Kriegsgegner im Westen, die deutsche Wiederbewaffnung zu unterstützen, demonstrierten Hunderttausende gegen einen wie auch immer gearteten Wehrbeitrag der Bundesrepublik Deutschland. Die Schlagworte lauteten „Nie wieder Krieg“ und „Ohne mich“. Wiederbewaffnung und die damit eng verwobene Westbindung wurden grundsätzlich herausgefordert. Dem Kurs Adenauers wurde weithin – vor allem von Sozialdemokratie und Gewerkschaften – vorgeworfen, das Ziel der Wiedervereinigung auf dem Altar der Machtpolitik zu opfern. Viele erträumten sich damals ein wiedervereinigtes Deutschland in den Grenzen von 1937, das neutral und abgerüstet zwischen den Blöcken der Supermächte existieren sollte; wenn irgend möglich sollte dieser Staat sogar zwischen den beiden Kontrahenten ausgleichend vermitteln. Vor dem Hintergrund des Kalten Kriegs sowie eingedenk der Erfahrungen, welche die europäischen Nachbarn nach 1933 mit Deutschland gemacht hatten, besaßen diese Überlegungen jedoch keinerlei Aussicht auf zeitnahe Realisierung. Dies spürte wohl auch die Mehrheit der Bundesbürger, die sowohl 1953 als auch 1957 die Regierung Adenauer in ihrem Amt bestätigte.

Für mehr Sicherheit: Konrad Adenauer wirbt 1952 für eine Beteiligung der Bundesrepublik Deutschland an der „Europäischen Verteidigungsgemeinschaft“. Er sieht in der geplanten Wiederbewaffnung einen Garanten für Sicherheit und Souveränität.

ATOMARE ANGST

Mit dem Abwurf zweier Atombomben über Hiroshima und Nagasaki endete im August 1945 der Zweite Weltkrieg im Pazifik. Die Vereinigten Staaten von Amerika hatten die Kernspaltung für militärische Zwecke nutzbar gemacht. Nur vier Jahre nach dem ersten Test der Amerikaner gelang es der Sowjetunion zur völligen Überraschung sämtlicher westlicher Beobachter, auf diesem Gebiet nachzuziehen. Im August 1949 begann ein nuklearer Rüstungswettlauf, der bis Mitte der 1980er Jahre nicht nur anhalten, sondern noch an Intensität gewinnen sollte. Die wechselseitige Vernichtungsandrohung durch Kernwaffen wurde zu einem Grundbaustein der Konfrontation. Auf der höchsten Ebene dieses weltpolitischen Ringens stabilisierte das Gleichgewicht des Schreckens die Auseinandersetzung und machte aus dem Kalten Krieg einen „langen Frieden“ (John Lewis Gaddis) – allerdings um den Preis krisenhafter Zuspitzungen, zahlreicher Stellvertreterkriege sowie einer allgegenwärtigen Angst vor dem Atomtod.

Schon kurz nach der Aufstellung der Bundeswehr im Jahre 1955 stellte sich heraus, dass vor dem Hintergrund der strategischen Ausrichtung der USA – Stichwort „massive Vergeltung“ – den Atomwaffen innerhalb der NATO immer größere Bedeutung beigemessen wurde. Präsident Dwight D. Eisenhower (1953 bis 1961) proklamierte den Grundsatz, dass Kernwaffen nun ein normaler Bestandteil des Arsenals seien, die bereits in der Frühphase eines neuen Kriegs zum Einsatz kommen würden. Damit war klar, dass beide deutsche Teilstaaten zum nuklearen Schlachtfeld werden würden. Atomare Angst ergriff die Bundesbürger.

Die Tradition der pazifistischen Ostermärsche gelangt Anfang der 1960er Jahre aus Großbritannien nach Deutschland.

Dessen ungeachtet trieb die Bundesregierung die Aufrüstung der Bundeswehr planmäßig voran. Dass sich die gesellschaftlichen Bewegungen, die sich gegen Wiederbewaffnung und Atomtod gewandt hatten, nicht im politischen Raum durchsetzen konnten, beschreibt ein Faktum der westdeutschen Geschichte, das noch verstärkt wurde durch die Hinwendung der SPD zur NATO im Jahre 1960. Für mehr als eine Dekade stellte sich nun im Deutschen Bundestag ein parteiübergreifender Konsens ein: Die Existenz der Bundeswehr, die Mitgliedschaft in der NATO sowie die Notwendigkeit zur nuklearen Abschreckung gegenüber dem potenziellen Aggressor aus dem Osten waren nun nicht mehr Gegenstand großer Debatten, im Gegenteil, sie waren zur Normalität geworden.

ENTSPANNUNGSPOLITIK

Rechte Seite oben: Bei der Konferenz über Sicherheit und Zusammenarbeit in Europa kommen Erich Honecker (links) und Helmut Schmidt (rechts) ins Gespräch. Am 1. August 1975 wird die KSZE-Schlussakte in Helsinki unterschrieben.

Schon der amerikanische Vietnamkrieg, der seit Mitte der 1960er Jahre mit brutalen Bildern allabendlich über die deutschen Fernsehbildschirme flimmerte, und erst recht die Proteste der Studentenbewegung bewirkten eine zunächst nur schemenhaft erkennbare Abkehr von den außenpolitischen Grundfesten der westdeutschen Demokratie. Die USA waren in dieser Sichtweise nicht mehr die Schutzmacht gegenüber der UdSSR, sondern ein Kriegstreiber, der wegen seiner kapitalistischen Wirtschaftsform in die entstehende „Dritte Welt“ ausgreifen musste. Krieg war nach Ansicht dieser Neomarxisten an Universitäten und Hochschulen der eigentliche Motor des Kapitalismus. Die einfache Formel damals lautete: Wer Frieden will, ist links – wer rechts ist, will Krieg!

Quer zu diesen Entwicklungen im gesellschaftlichen Bereich stand die erste sozialdemokratisch geführte Bundesregierung unter Willy Brandt, die gemeinsam mit dem Koalitionspartner FDP auf Entspannung setzte. Diese strategische Neuausrichtung entsprach den weltpolitischen Entspannungsbemühungen, die US-Präsident Richard M. Nixon (1969 bis 1974) gemeinsam mit seinem Sicherheitsberater Henry Kissinger seit seinem Amtsantritt energisch forcierte. Allerdings machte sich das ungleiche Gespann im Weißen Haus keinerlei Illusionen darüber, dass die Konkurrenz der Supermächte nun gleichsam aufgehoben war. Im Gegensatz dazu glaubten weite Teile der deutschen Öffentlichkeit an den Beginn einer neuen Zeitrechnung: Der Kalte Krieg schien endgültig vorüber. Frieden und Sicherheit sollten nicht mehr gegen die Sowjetunion, sondern mit ihr organisiert werden. Die Unterzeichnung der KSZE-Schlussakte am 1. August 1975 markierte den Höhepunkt dieser Entwicklung.

Wie abhängig die Bundesrepublik Deutschland von den Entwicklungen des internationalen Systems blieb, belegt der Temperatursturz in den amerikanisch-

„Der Krieg lehrte uns alle, die wir ihn miterlebt haben, daß ein neuer Krieg nicht kommen darf, daß unsere Politik nur ein Ziel haben darf: den Frieden. Dieses Land hat daher vom ersten Tage seines Bestehens an eine konsequente Friedenspolitik betrieben.“

Bundespräsident Walter Scheel am 6. Mai 1975

sowjetischen Beziehungen, der spätestens mit dem Amtsantritt von Jimmy Carter am 20. Januar 1977 begann. Durch seine Unerfahrenheit sowie durch die Unfähigkeit, strategische Prioritäten zu setzen, stellte der neue US-Präsident die NATO vor große Probleme. Hinzu kam die Tatsache, dass die UdSSR durch die relative Schwächephase der Vereinigten Staaten Mitte der 1970er Jahre sich ermutigt fühlte, stärker in der „Dritten Welt" zu intervenieren. Kurzum: Auf der Ebene der Supermächte war die Entspannung mit dem Einmarsch der Roten Armee in Afghanistan am 25. Dezember 1979 endgültig gescheitert.

KAMPF UM DIE NACHRÜSTUNG

Anlässlich eines NATO-Gipfeltreffens am 10. Juni 1982 in Bonn versammeln sich über 300.000 Menschen zu einer Friedenskundgebung.

Schon zwei Wochen zuvor hatte sich die NATO nach harten Auseinandersetzungen auf den Doppelbeschluss geeinigt: Wenn die Sowjetunion nach intensiven Verhandlungen nicht bereit sei, ihr immenses SS-20-Mittelstreckenpotenzial abzubauen, dann würde die NATO mit einer Nachrüstung in diesem Rüstungssegment reagieren.

Die Jahre bis zur Stationierungsentscheidung des Deutschen Bundestags am 22. November 1983 waren ein schwerer Kampf um die Ausrichtung der Bundesrepublik Deutschland. Kühle Staatsräson stand gegen hoch emotionalen Überlebenskampf. Erneut ging es um alles: Wer die Nachrüstung befürwortete, so die damals weit verbreitete Auffassung, der wollte auch Krieg.

„Lieber rot als tot" – so lautete der plakative Leitspruch vieler Westdeutscher, die zu Hunderttausenden auf die Straße gingen, um gegen die NATO-Raketen zu demonstrieren. Dass bei dieser Betrachtungsweise die sowjetischen Mittelstreckenwaffen kaum thematisiert wurden, verwundert auch aus der Rückschau. Ganz anders war dies bei der unabhängigen

Friedensbewegung in der DDR, die stets auf die Waffenarsenale beider Bündnisse hingewiesen hat. Überhaupt zeigten sich gravierende Unterschiede zwischen den Akteuren in Ost und West: Während es in der Bundesrepublik Deutschland in weiten Kreisen als chic galt, gegen die Nachrüstung zu demonstrieren – übrigens ohne Gefahr für Leib und Leben –, waren die Anhänger der unabhängigen Friedensbewegung in der DDR den Repressalien der SED-Diktatur schutzlos ausgesetzt. Sie wurden systematisch verfolgt, weil sie der offiziellen Friedenspropaganda der SED, die gleichzeitig die Militarisierung der ostdeutschen Gesellschaft vorantrieb, ein zartes Pflänzchen Wahrheit entgegenstellte. „Schwerter zu Pflugscharen" war ihr Leitmotiv.

Auch einige Soldaten der Bundeswehr demonstrieren 1983 in Bonn gegen die Stationierung von Pershing-II-Raketen in Deutschland.

Der bewusste Verzicht auf Gewalt im Herbst 1989 war aufseiten der Demonstranten unumstößliche Überzeugung der Protagonisten der Oppositionsbewegung in der DDR. „Keine Gewalt" – so der bange Ruf der über 70.000 Ostdeutschen, die am 9. Oktober 1989 um den Leipziger Ring zogen. Dass die SED an diesem Schicksalstag auf die gewaltsame Niederschlagung des Protestzugs verzichtete, war dann der Anfang vom Ende der DDR. Die Ostdeutschen hatten endgültig ihre Angst verloren. Die friedliche Revolution fegte die SED-Herrschaft hinweg und schuf damit eine der Voraussetzungen für die Wiedervereinigung. Mit gutem Grund ist das Jahr 1989/90 als annus mirabilis in die Geschichtsbücher eingegangen.

EINHEIT IN FRIEDEN UND FREIHEIT

Mit der Wiedervereinigung Deutschlands und dem Untergang der Sowjetunion ist die Welt in eine neue Zeitrechnung eingetreten. Wie nach allen großen Siegen herrschte auch auf westlicher Seite ein Triumphgefühl vor, das vom nahen „Ende der Geschichte" (Francis Fukuyama) fantasierte. Kriege und der Einsatz militärischer Machtmittel schienen erneut als ein Relikt aus einer vergangenen Epoche. Von einer Friedensdividende – also massiven Einsparungen in den Verteidigungshaushalten – war allerorten die Rede. Vor allem in Deutschland entfernten sich weite Teile der Gesellschaft von einer Sichtweise, welche die Bereitstellung militärischer Machtmittel als conditio sine qua non der staatlichen Existenz betrachtete.

Hatten die deutschen Eliten in Politik und Wirtschaft bis zum Ende des Kalten Kriegs stets einen gewissen Mindestabstand zum Pazifismus gehalten, so entwickelte sich in den vergangenen 25 Jahren eine Grundhaltung, die auf einer zumindest erklärbaren Fehleinschätzung basierte: Die Integrationsfortschritte in der Europäischen Union sowie die Tatsache, dass ein Krieg zwischen den Mitgliedern dieses Staatenbunds undenkbar geworden ist, haben die Sinne der Entscheidungsträger vernebelt. Wie selbstverständlich ging unsere politische Klasse davon aus, dass das internationale System außerhalb der Europäischen Union auf ähnliche Weise funktionieren würde wie innerhalb ihrer Grenzen.

Erst die Anschläge vom 11. September 2001 haben in kleinen Kreisen zu einem Umdenken geführt, obwohl in weiten Teilen der deutschen Bevölkerung noch immer Machtpolitik und der Einsatz militärischer Mittel zur Durchsetzung deutscher Interessen weithin verpönt sind. Wie ist es anders zu erklären, dass der Bundeswehreinsatz in Afghanistan lange Zeit als Entwicklungshilfe durch Männer und Frauen in Uniform verkauft und von der desinteressierten Öffentlichkeit auch so gesehen wurde? Wie ist es anders zu erklären, dass die informelle Aussage von Bundespräsident Horst Köhler zu deutschen Handelsinteressen und dem Einsatz der Bundeswehr zum Offenhalten von freien Handelswegen auf ein derart vernichtendes Echo stoßen konnten, das in letzter Konsequenz zum Rücktritt des Staatsoberhaupts geführt hat? Wie ist es anders zu erklären, dass die Grundlage unserer Sicherheit – die Bundeswehr – sich mittlerweile in einem so beklagenswerten Zustand befindet?

Der Karikaturist Klaus Stuttmann kommentiert im Oktober 2014 ironisch den desolaten Zustand der Bundeswehr.

Die Friedenssehnsucht der Deutschen wird seit geraumer Zeit im Ausland mit hoher Aufmerksamkeit beobachtet. Die Regierungen der NATO-Partner sehen den Verfall der Bundeswehr mit größter Sorge und sprechen sich unisono für eine deutliche Erhöhung des deutschen Wehretats aus. Doch nicht nur diese materiellen Grundlagen der militärischen Machtentfaltung bereiten unseren Verbündeten Kopfzerbrechen, sondern auch die ideelle Verfassung sowohl der handelnden Akteure als auch der Bevölkerung. Kurzum: Die Bundesrepublik Deutschland steht im Begriff, ihre Bündnisfähigkeit zu verlieren. Wie danach der Frieden gesichert werden soll, weiß niemand.

Bettina Citron

Gerhard Schröder als Friedenstaube

Seit über 30 Jahren entwirft der 1963 in Düsseldorf geborene Jacques Tilly zusammen mit seiner Werkstatt die politischen Themenwagen für den Rosenmontagszug seiner Heimatstadt. Dabei stellt er Politiker aus aller Welt als dreidimensionale Karikaturen in Großplastiken dar: Von Helmut Kohl über Barack Obama bis zu Wladimir Putin und Angela Merkel bekommen alle ihr Fett weg.

Jacques Tilly mit seinen Karnevalswagen in seiner Düsseldorfer Werkstatt.

Die bissige Satire seiner Plastiken führte zuweilen sogar vor Gericht. So musste 1994 ein Wagen mit dem geplanten nackten Bundeskanzler Helmut Kohl nach einer angedrohten einstweiligen Verfügung umgebaut werden.

Der Entwurf des 2002 von Tilly gestalteten Wagens mit Bundeskanzler Gerhard Schröder als Friedenstaube vor einem US-Panzer befindet sich heute in den Sammlungen des Hauses der Geschichte. Der Wagen karikiert die Haltung des damaligen Bundeskanzlers angesichts des bevorstehenden Irakkriegs.

Als die USA nach den Terroranschlägen vom 11. September 2001 einen Präventivkrieg ohne völkerrechtliche Legitimation gegen den Irak führen wollten, gab es auch unter ihren Verbündeten viele, die sich dem widersetzten. Zu ihnen gehörten unter anderem Frankreich, Belgien und Deutschland.

Im Wahlkampf 2002 lehnte Bundeskanzler Gerhard Schröder einen Kriegseinsatz Deutschlands ab. Diese Absage an die Vereinigten Staaten gilt als ein Grund für den Wahlerfolg

der Koalition aus SPD und Grünen bei der Bundestagswahl.

Herr Tilly, seit Ihrer Darstellung von Gerhard Schröder als Friedenstaube hat sich viel verändert. Würden Sie Deutschland als „Friedensverfechter" heute anders persiflieren?
Entweder als Tauben oder als Falken! Die deutsche Politik ist aufgrund der deutschen Geschichte selbstverständlich nach wie vor friedensorientiert. Alle deutschen Regierungen seit 1949 verstehen das als Staatsräson – aufgrund zweier Weltkriege, die Deutschland vom Zaun gebrochen hat. Denken Sie nur an Libyen, auch da hat sich Deutschland 2011 – anders als andere NATO-Länder – aus dem Militäreinsatz herausgehalten. Das gehört zur politischen Grundhaltung der Bundesrepublik.

Ist der alte Mythos von Europa und dem Stier denn heute noch eine Karikatur wert?
Ja, wir Karikaturisten brauchen Bildformeln, die direkt verstanden werden und Europa und den Stier erkennt nach wie vor jeder, egal welchen Alters. Ich habe sie auch in diesem Jahr wieder für einen Karnevalswagen verwendet. Der Stier ist ein Schlüsselmotiv, das sofort verstanden wird.

Bernd Faulenbach

„WELTMEISTER“ DER AUFARBEITUNG? ZUM DEUTSCHEN UMGANG MIT ZWEI DIKTATUREN

1971
1970
Aktennummer
Zuname
Vorname
Beruf:
geb. am
D.-Grad:
D.-Stellg.:
Einh.:
von / bis
SS-Nr.
DC:
WAST:

MÜHSAME AUFARBEITUNG IN DER NACHKRIEGSZEIT

[...] von der „Geschichtsvergessenheit“

zur „Geschichtsbesessenheit“

Vorherige Doppelseite: Blick vom Stelenfeld des Holocaust-Denkmals zum Reichstagsgebäude in Berlin.

Die Zentrale Stelle der Landesjustizverwaltungen zur Aufklärung nationalsozialistischer Verbrechen mit Sitz in Ludwigsburg sammelt seit 1958 Informationen zur Verfolgung von Straftaten. Heute enthält die Zentralkartei 1.711.771 Karteikarten, die sich in Personen-, Orts- und Einheitenkartei gliedern.

Dem britischen Historiker Timothy Garton Ash wird die Äußerung zugeschrieben, die Deutschen seien nicht nur Fußballweltmeister, sondern auch Weltmeister des Aufarbeitens von Vergangenheit, sodass man von einer DIN-Norm der Aufarbeitung und Erinnerungsarbeit sprechen könne. Auch andere ausländische Beobachter reden seit einigen Jahren von einem „German model“ der Erinnerungsarbeit. Als charakteristisch für das deutsche Aufarbeiten gilt, dass es besonders selbstkritisch und gründlich erfolgt und das deutsche Selbstverständnis in der heutigen Welt mitprägt. Trifft diese Beschreibung des Verhältnisses der Deutschen zu ihrer Geschichte zu? Welche Prozesse und Faktoren haben gegebenenfalls dazu geführt? Um dies zu klären, ist ein Blick in die Geschichte seit dem Zweiten Weltkrieg notwendig.

Die Aufarbeitung der Zeit des Nationalsozialismus, insbesondere des Eroberungs- und Vernichtungskriegs im Osten und des in diesem Kontext durchgeführten millionenfachen Mords an den europäischen Juden und anderen Gruppen, erfolgte keineswegs sogleich und in konsequenter Weise. Im Gegenteil: Die Verdrängung von Vergangenheit war in der Wiederaufbauphase unübersehbar. Stark vereinfachend wird der Gesamtprozess der Aufarbeitung heute manchmal auf die Formel gebracht: von der „Geschichtsvergessenheit" zur „Geschichtsbesessenheit" der Deutschen.

Die Alliierten realisierten gemeinsam den Nürnberger Kriegsverbrecherprozess gegen die aus ihrer Sicht Hauptschuldigen, dem sich weitere Prozesse der einzelnen Alliierten sowie Maßnahmen anschlossen, um die Auseinandersetzung der Deutschen mit der nationalsozialistischen Zeit anzuregen – nur teilweise mit Erfolg. Die Deutschen sprachen vielfach von Siegerjustiz und wehrten sich in ihrer Mehrheit gegen die These einer Kollektivschuld – so differenziert die Schulddiskussion auch im Einzelnen verlief. Es waren tendenziell eher Minderheiten, frühere Oppositionelle und Überlebende der Verfolgung, die sich für die Aufarbeitung einsetzten. Die große Mehrheit der Deutschen, in der jede Familie Opfer zu beklagen hatte und sich mit den elementaren Problemen der Nachkriegszeit herumschlug, sah sich selbst als Opfer der Geschichte, des Kriegs, der Alliierten, zunehmend aber auch

Unten: In den Jahren 1963 bis 1965 findet der erste Auschwitzprozess in Frankfurt am Main statt – initiiert durch den hessischen Generalstaatsanwalt Fritz Bauer.

Rechts: Verjährungsdebatte: Im Februar 1965 demonstrieren Bürger in West-Berlin gegen die Verjährung von Morden nationalsozialistischer Täter.

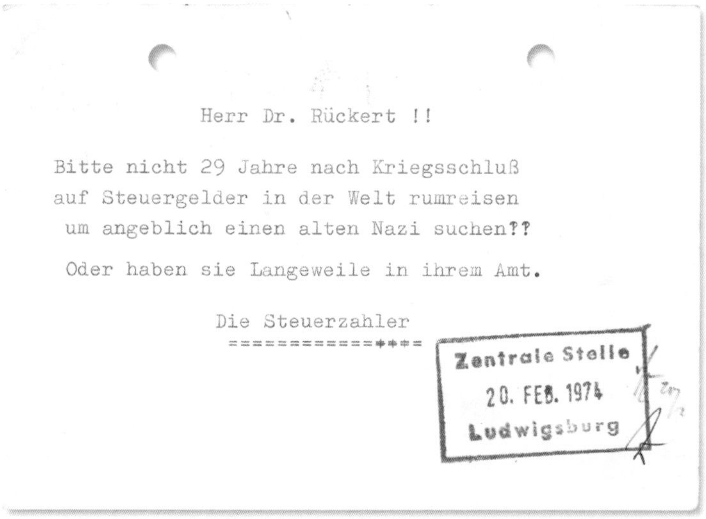
Herr Dr. Rückert !!

Bitte nicht 29 Jahre nach Kriegsschluß
auf Steuergelder in der Welt rumreisen
um angeblich einen alten Nazi suchen??

Oder haben sie Langeweile in ihrem Amt.

Die Steuerzahler

Zentrale Stelle
20. FEB. 1974
Ludwigsburg

Oben: Viele Drohbriefe erreichen die Zentrale Stelle in Ludwigsburg.

als Opfer Adolf Hitlers und seiner Anhänger, zu denen man sich selbst nicht rechnete. Schon früh entstand die im politischen Raum Unterstützung findende Forderung nach einem „Schlussstrich" der strafrechtlichen Aufarbeitung.

Hatte es in den frühen Nachkriegsjahren auch vor deutschen Gerichten Prozesse zur strafrechtlichen Aufarbeitung gegeben, so kamen sie während der 1950er Jahre – ungeachtet der Ächtung des Nationalsozialismus durch alle demokratischen Kräfte in der Bundesrepublik – fast zum Erliegen. Erst mit der Einrichtung der Zentralen Stelle der Landesjustizverwaltungen zur Aufklärung nationalsozialistischer Verbrechen in Ludwigsburg im Jahr 1958 begann eine neue intensivere strafrechtliche Aufarbeitung der nationalsozialistischen Verbrechen. Von entscheidender Bedeutung wurde nach dem Ulmer Einsatzgruppen-Prozess der Frankfurter Auschwitzprozess in den frühen 1960er Jahren, der erstmals das konkrete Geschehen des Judenmords im Hinblick auf die Verantwortlichkeit der daran unmittelbar Beteiligten mit den Mitteln des Rechtsstaats zu ahnden suchte. Eine ganze Reihe von großen Prozessen folgte in den 1960er, 1970er und 1980er Jahren vor westdeutschen Gerichten.

Die strafrechtliche Aufarbeitung fand nicht die Zustimmung der Mehrheit der Bevölkerung, auch nicht die nach intensiven Bundestagsdebatten vorgenommene mehrfache Verlängerung der Verjährungsfrist bei Mord bis zu ihrer gänzlichen Aufhebung im Jahre 1979, die von der Absicht geleitet war, auch danach diesen Aufarbeitungsprozess noch fortsetzen zu können. Die Ermordung der Juden war ohne Beispiel, doch war es auf die Dauer auch der strafrechtliche Aufarbeitungsprozess – trotz all seiner Unzulänglichkeiten.

Die kritische zeithistorische Aufarbeitung begann schon Anfang der 1950er Jahre, intensivierte sich dann – gefördert durch das sich verändernde Zeitklima sowie durch die Zugänglichkeit der Akten – in den 1960er Jahren. Die Fixierung auf Hitler und die anderen nationalsozialistischen Führer als einzig Schuldige wurde überwunden, eine Zeit lang spielte dabei die Totalitarismus-Konzeption als Erklärungsmittel eine Rolle, doch wurde diese zunehmend durch sorgfältige

Studenten protestieren 1967 anlässlich der Amtseinführung des neuen Rektors der Hamburger Universität gegen überkommene Traditionen.

empirische Untersuchungen faktisch überholt, die das Bild des Herrschaftssystems des „Dritten Reichs“ als eines monolithischen Führerstaats infrage stellten und den Blick auf die Mitverantwortlichkeit zahlreicher Funktionsträger lenkte.

Das Auftreten einer neuen Generation in den 1960er Jahren förderte die kritische Auseinandersetzung mit der ganzen neuesten Geschichte, insbesondere aber mit der Zeit des Nationalsozialismus. Es war dann die Studentenbewegung von 1968, die die Frage nach der gesellschaftlichen Verantwortlichkeit für 1933 und für die nationalsozialistische Politik verstärkt aufwarf. Diese Themenstellung ließ sich danach nicht mehr wegdrängen und bestimmte während der 1970er Jahre auch die bundesdeutsche zeithistorische Diskussion.

In den 1980er Jahren entstand in Westdeutschland – angeregt unter anderem durch den Schülerwettbewerb des Bundespräsidenten, die Fernsehserie *Holocaust* und ausländische Vorbilder – eine breitere Geschichtsbewegung, die einen neuen Schub der Auseinandersetzung mit der Vergangenheit brachte, indem sie die Geschichte dieser Zeit „vor Ort“ untersuchte. Initiativen schufen in vielen Städten und Gemeinden Erinnerungsorte und Gedenkstätten, die an die Zeit des Nationalsozialismus und ihre Untaten erinnern. Die Bewegung verstand sich als Alternative zum vorherrschenden Geschichtsbewusstsein, in dem eine Tendenz zur „Normalisierung“ des Verhältnisses zur deutschen Geschichte erkennbar war, die

Seit 1973 können Schüler am Geschichtswettbewerb des Bundespräsidenten teilnehmen und sich mit historischen Themen in ihrem direkten Umfeld auseinandersetzen.

auf die Einhegung der nationalsozialistischen Zeit in den Gesamtverlauf der Geschichte hinauslief. Die Gegensätze fanden im sogenannten Historikerstreit ihren Niederschlag, in dem es um die Vergleichbarkeit der nationalsozialistischen mit kommunistischen Verbrechen (sowie um ihren kausalen Zusammenhang) und um die Gegenwartsrelevanz dieser Zeit ging. Zwar setzte sich die These von der Einzigartigkeit der nationalsozialistischen Verbrechen in dieser Diskussion durch, doch blieb die Frage, inwieweit die Zeit und ihre Verbrechen das deutsche Geschichts- und Identitätsbewusstsein bestimmen sollten, auch in den 1980er Jahren noch umstritten.

Anders ist die Entwicklung in der DDR verlaufen. Hier war ein spezifischer Antifaschismus „von oben“ als Teil des SED-/DDR-Selbstverständnisses durchgesetzt worden, was die DDR und ihre Bevölkerung letztlich zu Siegern der Geschichte machte. Die „Antifaschisten“ hatten demnach im Zweiten Weltkrieg – vor allem im Bündnis mit der Sowjetunion – durch einen opferreichen Kampf den Faschismus mit niedergerungen. Der verpflichtende „Antifaschismus“ manifestierte sich in den während der 1950er Jahre errichteten großen „Nationalen Mahn- und Gedenkstätten“ Buchenwald, Ravensbrück und Sachsenhausen. So problematisch jedoch die Instrumentalisierung der Geschichte in der DDR war, so hatte sie doch eine generelle Ablehnung des Faschismus und Nationalsozialismus bei der großen Mehrheit der Ostdeutschen zur Folge.

Die Karte der Gedenkstätten erscheint 1975 in Ost-Berlin.

Medaille: „Für hervorragende Leistungen bei der Erfüllung des Vermächtnisses und der Pflege des Erbes der antifaschistischen Widerstandskämpfer“.

ERINNERUNGSKULTUR IM VEREINTEN DEUTSCHLAND?

Die Holzkreuze des privaten Mauermuseums am Checkpoint Charlie in Berlin werden 2005 abgerissen und in die Gedenkstätte Berliner Mauer an der Bernauer Straße integriert.

Die Umwälzungen von 1989/90 – friedliche Revolution und Wiedervereinigung – mussten sich auf das Verhältnis der Deutschen zur jüngsten Geschichte auswirken. Die DDR-Erinnerungskultur, die sich seit den 1950er Jahren nur wenig verändert und erst in den 1980er Jahren etwas geöffnet hatte, verlor ihren Bezugsrahmen; zudem galt es nun, die SED-Diktatur nach ihrem Sturz aufzuarbeiten. Inwieweit veränderte sich damit das deutsche Geschichts- und Identitätsbewusstsein?

1989/90 artikulierten manche in- und ausländischen Beobachter – der prominenteste war der israelische Ministerpräsident Jitzchak Schamir – die Befürchtung, das vereinigte Deutschland könne sich als „Viertes Reich" verstehen, an frühere Kontinuitäten anknüpfen und dabei auch den selbstkritischen Umgang mit der nationalsozialistischen Vergangenheit aufgeben. Doch erfüllte sich diese Befürchtung nicht, ganz im Gegenteil: Das vereinigte Deutschland bekannte sich nach 1990 ungleich eindeutiger zur jüngsten Vergangenheit als die alte Bundesrepublik, in der der Umgang mit der Vergangenheit und ihrer Konsequenzen für die Gegenwart immer umstritten blieb, und als die DDR, die die Verantwortung für die nationalsozialistische Zeit sogar an die Bundesrepublik abgeschoben hatte. Die politischen und kulturellen Eliten gingen bei dieser politischen Kurskorrektur voran, doch gab es dagegen in der öffentlichen Meinung – sieht man vom Rechtsextremismus ab – keinen wirklichen Widerstand. Offenbar förderten politische Konstellation und generationeller Wandel die Durchsetzung eines neuen Bewusstseins, das die Vergangenheit als Bestandteil deutscher Identität begriff.

Gleichzeitig widmeten sich Politik, Justiz, öffentliche Meinung und Wissenschaft der Aufarbeitung der SED-Vergangenheit. Dieser Prozess wurde zweifellos dadurch gefördert, dass ihm die Aufarbeitung der nationalsozialistischen Vergangenheit vorausging. Manche meinten sogar, man müsse jetzt die Fehler und Verzögerungen vermeiden, die für den vorhergegangenen Prozess kennzeichnend waren. Anfangs gab es eine gewisse Tendenz, beide Diktaturen eng zusammenzurücken, doch war der ideologische Gegensatz unübersehbar und selbst die Herrschaftstechnik unterschiedlich, erst recht gilt dies für die von beiden verübten Verbrechen. Früh setzte sich der 1991 formulierte Grundsatz durch: Die Verbrechen der nationalsozialistischen Diktatur dürfen nicht durch das kommunistische Unrecht relativiert, doch dieses Unrecht auch nicht unter Hinweis auf die Verbrechen des Nationalsozialismus bagatellisiert werden. Gewisse Konkurrenzen der Aufarbeitungsszenen und Opfergruppen hat es freilich immer wieder gegeben.

So entwickelte sich zwischen 1990 und 2005 eine beispiellose Intensität der kritischen Aufarbeitung der nationalsozialistischen und der SED-Diktatur. Nach

Die erste Wehrmachtsausstellung unter dem Titel *Vernichtungskrieg. Verbrechen der Wehrmacht 1941 bis 1944* wird am 5. März 1995 in Hamburg eröffnet und reist dann durch 34 Städte. Sie wird sehr kontrovers diskutiert und später zurückgezogen.

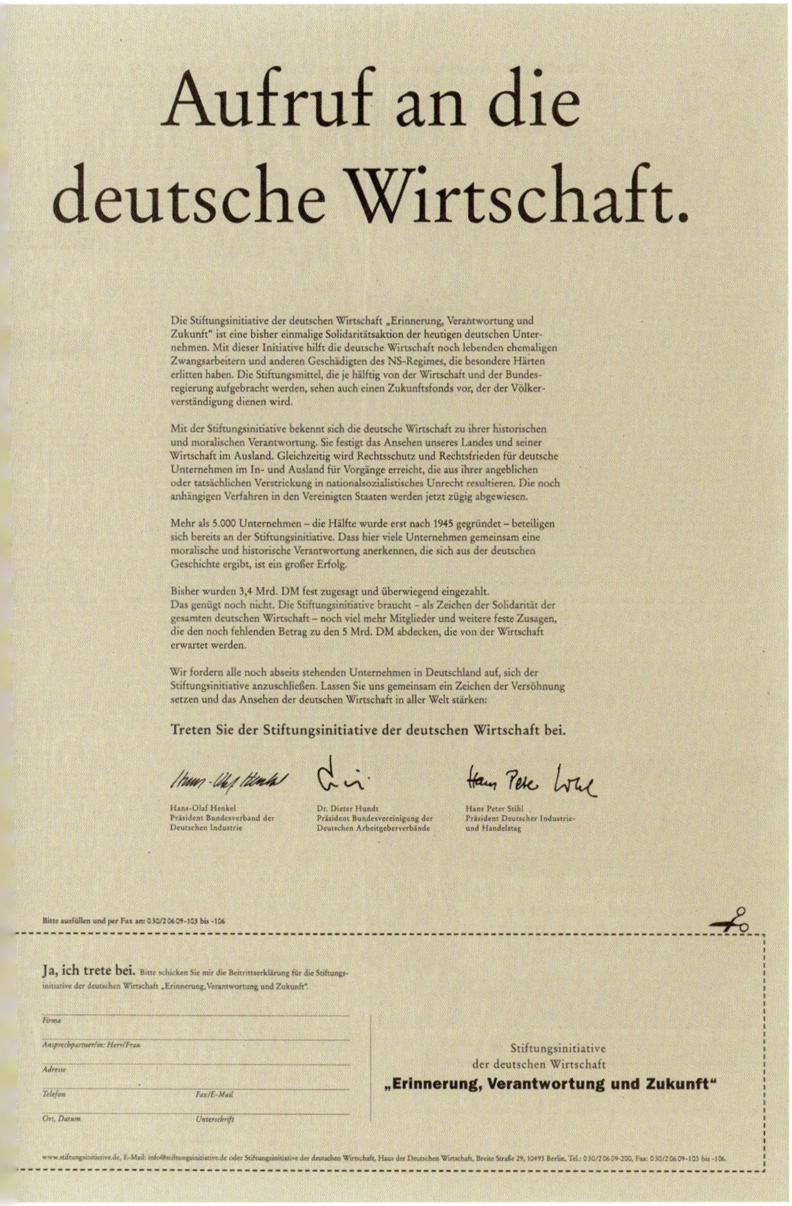

Aufruf an die deutsche Wirtschaft.

Die Stiftungsinitiative der deutschen Wirtschaft „Erinnerung, Verantwortung und Zukunft" ist eine bisher einmalige Solidaritätsaktion der heutigen deutschen Unternehmen. Mit dieser Initiative hilft die deutsche Wirtschaft noch lebenden ehemaligen Zwangsarbeitern und anderen Geschädigten des NS-Regimes, die besondere Härten erlitten haben. Die Stiftungsmittel, die je hälftig von der Wirtschaft und der Bundesregierung aufgebracht werden, sehen auch einen Zukunftsfonds vor, der der Völkerverständigung dienen wird.

Mit der Stiftungsinitiative bekennt sich die deutsche Wirtschaft zu ihrer historischen und moralischen Verantwortung. Sie festigt das Ansehen unseres Landes und seiner Wirtschaft im Ausland. Gleichzeitig wird Rechtsschutz und Rechtsfrieden für deutsche Unternehmen im In- und Ausland für Vorgänge erreicht, die aus ihrer angeblichen oder tatsächlichen Verstrickung in nationalsozialistisches Unrecht resultieren. Die noch anhängigen Verfahren in den Vereinigten Staaten werden jetzt zügig abgewiesen.

Mehr als 5.000 Unternehmen – die Hälfte wurde erst nach 1945 gegründet – beteiligen sich bereits an der Stiftungsinitiative. Dass hier viele Unternehmen gemeinsam eine moralische und historische Verantwortung anerkennen, die sich aus der deutschen Geschichte ergibt, ist ein großer Erfolg.

Bisher wurden 3,4 Mrd. DM fest zugesagt und überwiegend eingezahlt.
Das genügt noch nicht. Die Stiftungsinitiative braucht – als Zeichen der Solidarität der gesamten deutschen Wirtschaft – noch viel mehr Mitglieder und weitere feste Zusagen, die den noch fehlenden Betrag zu den 5 Mrd. DM abdecken, die von der Wirtschaft erwartet werden.

Wir fordern alle noch abseits stehenden Unternehmen in Deutschland auf, sich der Stiftungsinitiative anzuschließen. Lassen Sie uns gemeinsam ein Zeichen der Versöhnung setzen und das Ansehen der deutschen Wirtschaft in aller Welt stärken:

Treten Sie der Stiftungsinitiative der deutschen Wirtschaft bei.

Hans-Olaf Henkel
Präsident Bundesverband der Deutschen Industrie

Dr. Dieter Hundt
Präsident Bundesvereinigung der Deutschen Arbeitgeberverbände

Hans Peter Stihl
Präsident Deutscher Industrie- und Handelstag

Bitte ausfüllen und per Fax an: 030/20609-103 bis -106

Ja, ich trete bei. Bitte schicken Sie mir die Beitrittserklärung für die Stiftungsinitiative der deutschen Wirtschaft „Erinnerung, Verantwortung und Zukunft".

Firma
Ansprechpartner/in: Herr/Frau
Adresse
Telefon *Fax/E-Mail*
Ort, Datum *Unterschrift*

Stiftungsinitiative
der deutschen Wirtschaft
„Erinnerung, Verantwortung und Zukunft"

www.stiftungsinitiative.de, E-Mail: info@stiftungsinitiative.de oder Stiftungsinitiative der deutschen Wirtschaft, Haus der Deutschen Wirtschaft, Breite Straße 29, 10493 Berlin, Tel.: 030/20609-200, Fax: 030/20609-103 bis -106.

Die Stiftungsinitiative der deutschen Wirtschaft „Erinnerung, Verantwortung und Zukunft" ruft 55 Jahre nach Kriegsende dazu auf, den noch lebenden ehemaligen Zwangsarbeitern finanziell zu helfen.

1990 blieben – trotz vielfältiger kritischer Auseinandersetzung mit der SED-Diktatur vor allem in der ersten Hälfte der 1990er Jahre – die Diktatur des Nationalsozialismus, der Zweite Weltkrieg und der Holocaust von zentraler Bedeutung für das – wie der Historiker Reinhart Koselleck formuliert hat – „negative Gedächtnis" der Deutschen. Immer wieder gab es Anstöße für neue Debatten. Dazu gehörte neben dem Buch des amerikanischen Historikers Daniel Goldhagen *Hitlers willige Vollstrecker* vor allem die Wehrmachtsausstellung der Jahre 1995 bis 1999, die die Beteiligung der Wehrmacht an den nationalsozialistischen Verbrechen kritisch thematisierte: eine Sicht, gegen die sich nur noch inzwischen alt gewordene Kriegsteilnehmer unter Berufung auf ihre Erinnerungen wandten.

Dass trotz großer Wiedergutmachungsleistungen immer noch Opfer auf eine Entschädigung durch Deutschland warteten, zeigte die in den 1990er Jahren zum Thema werdende Frage der Entschädigung der Zwangsarbeiter aus der nationalsozialistischen Zeit. Die rot-grüne Bundesregierung und eine Stiftungsinitiative der deutschen Wirtschaft gründeten im Jahr 2000 die Stiftung „Erinnerung, Verantwortung und Zukunft", deren Zweck es war, Entschädigungsleistungen für die noch lebenden früheren Zwangsarbeiter zu erbringen und abzuwickeln.

Auch die der nationalsozialistischen Vergangenheit und ihren Opfern gewidmete Erinnerungskultur wurde nach 1990 erheblich ausgebaut. Es entstanden bedeutende neue Einrichtungen, über die zwar vor 1989 schon diskutiert worden war, bei denen jedoch fraglich ist, ob sie so realisiert worden wären, wenn die Wiedervereinigung nicht stattgefunden hätte. Zu nennen sind die Gedenk- und Bildungsstätte *Haus der Wannsee-Konferenz*, das auf dem früheren Gelände des Reichssicherheitshauptamts errichtete Dokumentationszentrum *Topographie des Terrors* und das Denkmal für die ermordeten Juden Europas in der Nähe von Kanzleramt und Reichstag. Vor allem das Holocaust-Denkmal, zu dem inzwischen Denkmale für andere verfolgte Gruppen hinzugekommen sind, ist als Bekenntnis des wiedervereinigten Deutschland zu den Lasten der Vergangenheit und als Aufforderung, sich dieser bewusst zu bleiben, zu verstehen.

Zwar wurde über das Denkmalprojekt in seiner Entstehungszeit heftig gestritten, doch bezogen sich die Einwände meist nicht darauf, an den Judenmord im Zentrum Berlins, der alten und neuen deutschen Hauptstadt, zu erinnern – es ging mehr um die Grenzen eines Denkmals sowie um seine konkrete Gestaltung. Eine Ausnahme war vielleicht der Schriftsteller Martin Walser, der den „Sündenstolz" und bestimmte Formen der Auseinandersetzung mit der Vergangenheit kritisierte und deshalb vom Präsidenten des Zentralrats der Juden in Deutschland, Ignatz Bubis, kritisiert wurde.

Erheblich ausgebaut wurde auch das der Zeit des Nationalsozialismus gewidmete Gedenkstättenwesen. Waren in der alten Bundesrepublik Gedenkstätten vor 1989 tendenziell Teil einer Erinnerungskultur, die sich in Spannung oder Gegensatz zum dominanten Geschichtsbewusstsein definierte, so entwickelte sich nach 1989 eine neue Förderung des Bunds, die unter der rot-grünen Koalition in eine „Gedenkstättenkonzeption" mündete, die dann in der zweiten Großen Koalition fortgeschrieben wurde. Interessanterweise nahm die Weiterentwicklung von den neu konzipierten früheren Gedenkstätten der DDR ihren Ausgang; der Ausbau der westdeutschen Stätten war danach die zwangsläufige Folge. Die großen „Leuchttürme" der Erinnerungskultur werden heute von Bund und Ländern gemeinsam getragen, besitzen gleichwohl eine beachtliche Eigengewichtigkeit in der Öffentlichkeit. Neben den großen gibt es zahlreiche kleinere Gedenkstätten und mehrere Tausend auf das ganze Bundesgebiet verteilte Erinnerungsorte zur nationalsozialistischen Vergangenheit und ihren Opfern.

Dem Holocaust wird im vereinigten Deutschland eine so große Bedeutung beigemessen, dass er in der Publizistik teils als Gründungsmythos des vereinigten Deutschland, teils sogar als Gründungsmythos Europas bezeichnet worden ist.

„Und dennoch wurde von Tag zu Tag klarer, was es heute für uns alle gemeinsam zu sagen gilt: Der 8. Mai war ein Tag der Befreiung. Er hat uns alle befreit von dem menschenverachtenden System der nationalsozialistischen Gewaltherrschaft."
Bundespräsident Richard von Weizsäcker, 8. Mai 1985

DIE AUFARBEITUNG DER KOMMUNISTISCHEN DIKTATUR

Die mit der revolutionären Umwälzung 1989 beginnende Aufarbeitung der kommunistischen Diktatur wurde wesentlich initiiert von der früheren Bürgerrechtsbewegung der DDR, sie fand dabei jedoch Unterstützung in der alten Bundesrepublik. Der Aufarbeitungsprozess wurde durch die Ressourcen des wiedervereinigten Deutschland ermöglicht und umfasste verschiedene Ebenen: zum einen strafrechtliche Prozesse (beispielsweise gegen Verantwortliche des Schießbefehls, Mauerschützen), zivilrechtliche Wiedergutmachung (auf der Basis von Unrechtsbereinigungsgesetzen) und die Entfernung von Mitarbeitern der Staatssicherheit aus dem Staatsapparat. Zum anderen wirkte sich die Auseinandersetzung mit der SED-Diktatur auf der politischen, gesellschaftlichen, medialen und wissenschaftlichen Ebene aus. Die Aufarbeitung dieses Unrechtsregimes erfolgte gleichsam so, wie die der nationalsozialistischen Diktatur aus der Sicht vieler hätte erfolgen sollen.

Zugänglich gemacht für die Betroffenen, doch auch für Wissenschaft und Medien wurden die Stasiunterlagen. Erster Bundesbeauftragter für die Stasi-Unterlagen (BStU) wurde der ehemalige Rostocker Pfarrer Joachim Gauck, dessen Behörde seit 1991 die Akten und Dokumente des ehemaligen Ministeriums für Staatssicherheit der DDR verwaltet und erschlossen hat.

„Gauck-Behörde": Der evangelische Pfarrer Joachim Gauck wird zum ersten Bundesbeauftragten für die Unterlagen des Staatssicherheitsdienstes der ehemaligen Deutschen Demokratischen Republik (BStU).

Zwei Enquetekommissionen des Deutschen Bundestags waren in den 1990er Jahren weitere wichtige Einrichtungen der politischen Aufarbeitung, die dabei in großem Maße wissenschaftliche Expertise heranzogen. Die Kommissionen fragten nach Strukturen und Verantwortlichkeiten im SED-System, nach der Rolle der Repressionsorgane sowie nach der Bedeutung der Ideologie, nach Opposition und widerständigem Verhalten, auch nach den deutsch-deutschen Beziehungen und den internationalen Rahmenbedingungen. Die 1998 gegründete Bundes-

Die Gedenkstätte *Topographie des Terrors* steht auf den Ruinen des ehemaligen Reichssicherheitshauptamts in Berlin. Seit 2010 wird die Freiluftausstellung durch ein neu gebautes Dokumentationszentrum ergänzt.

stiftung zur Aufarbeitung der SED-Diktatur, die von der zweiten Enquetekommission angeregt wurde, fördert den weiteren gesellschaftlichen Aufarbeitungsprozess und die Erinnerungsarbeit.

Gedenkstätten wurden eingerichtet: in früheren Gefängnissen, an der Mauer, an der innerdeutschen Grenze, in Stasizentralen, wobei diese Orte zwangsläufig weitgehend auf das Gebiet der früheren DDR beschränkt sind. Nirgendwo im Einflußbereich des früheren Sowjetkommunismus hat eine vergleichbare breite und intensive Aufarbeitung wie in Deutschland stattgefunden.

„Das Zusammenwachsen ist ein widerspruchsvoller Prozess. Damit er gut verläuft, darf man einerseits nicht zulassen, daß der Mantel des Verschweigens über gravierendes Unrecht ausgebreitet wird, aber auf der anderen Seite auch nicht hinnehmen, wenn dem vergangenen System durch grassierende Verdächtigungen nachträgliche Triumphe beschert werden."

Willy Brandt, SPD-Politiker, 12. März 1992

DEUTSCHE ERINNERUNGSKULTUR AUS INTERNATIONALER PERSPEKTIVE

Aufarbeitungsprozesse in Deutschland und die Erinnerungsarbeit unterscheiden sich offensichtlich von denen der meisten anderen Länder. Gewiss gilt der Holocaust zu Recht als einzigartig, sodass auch eine besondere Auseinandersetzung als gerechtfertigt erscheint. Allerdings bleibt die kritische Aufarbeitung beispielsweise in Japan oder auch in Italien – wie vergleichende Untersuchungen zeigen – weit hinter der deutschen zurück. Dies gilt auch für Russland, wo eine strafrechtliche Aufarbeitung im Hinblick auf das sowjetkommunistische System nie stattgefunden hat und eine den Opfern gewidmete Erinnerungskultur – sieht man von der 1988 gegründeten Menschenrechtsorganisation „Memorial" ab – im politischen Raum weitgehend fehlt.

Allerdings hat die opferzentrierte deutsche Erinnerungsarbeit in manchen anderen europäischen Ländern an Boden gewonnen. Doch nirgendwo gibt es ein ähnliches „negatives Gedächtnis". Keine Frage, dass für andere die kritische Aufarbeitung und Geschichtssicht inzwischen ein Modell ist, an dem man sich positiv oder negativ orientiert.

Die nationalen Erinnerungskulturen sind heute nicht mehr hermetisch gegeneinander abgeschlossen. So stellt sich die Frage, ob es den Europäern gelingt, einen gemeinsamen Modus im Umgang mit den verschiedenen Vergangenheiten zu finden und zu verbindenden Wertorientierungen zu gelangen, von denen aus trennende Phänomene der jüngsten Geschichte in den Blick kommen und die dialogisches Erinnern ermöglichen können. Auf die Dauer mögen sich gemeinsame Erinnerungskomplexe herausbilden.

Als unwahrscheinlich sind jedoch Prognosen zu beurteilen, denen zufolge die digitale weltweit vernetzte Welt zu einer raschen Überwindung nationaler Erinnerungen und Erinnerungskulturen führen wird. Manches spricht dafür, dass gerade durch die intensivierte transnationale Kommunikation die historischen Unterschiede deutlicher bewusst werden. Menschheitsverbrechen werden zudem über das einzelne Land hinaus in einem universalen Gedächtnis aufbewahrt. Schon möglich, dass in der digitalisierten Welt sogar weniger vergessen wird als in früheren Zeiten.

Tuya Roth

Stolpersteine – Zum Gedenken an Menschen

Ein zehn mal zehn Zentimeter großes glänzendes Messingblech auf einem Pflasterstein. Darauf in gestanzten Buchstaben Name, Geburtsdaten, Ort und Datum der Deportation sowie – soweit bekannt – das Todesdatum. Seit 1997 hat der Kölner Künstler Gunter Demnig 57.000 Stolpersteine in 20 Ländern Europas verlegt, davon allein über 6.000 in Berlin. Es ist ein dezentrales Denkmal, das an ihrem letzten Wohnort an die Menschen erinnert, die dem nationalsozialistischen Terror zum Opfer fielen: Juden, Sinti und Roma, Euthanasieopfer sowie politisch, religiös oder sexuell Verfolgte – über 57.000 Einzelschicksale. Jeder Stolperstein braucht einen Paten. In den meisten Fällen geht die Initiative für die Verlegung der Steine von Schulen oder Bürgerinitiativen aus. Sie wollen damit vor Ort an die Verbrechen der Nationalsozialisten erinnern. Jeder Stein ist ein handgefertigtes Unikat und kostet 120 Euro inklusive der Verlegung durch Gunter Demnig. Dafür reist der Künstler in seinem roten Kastenwagen mit Eimer, Schaufel und Fixbeton im Gepäck jährlich rund 120.000 Kilometer quer durch Europa.

Steine des Anstoßes

Während heute europaweit an vielen Orten Stolpersteine liegen, wird in München seit zwölf Jahren erbittert um dieses Projekt gestritten. Aus Sicht der Gegner, allen voran Charlotte Knobloch, Präsidentin der Israelitischen Kultusgemeinde München und Oberbayern, wird mit Stolpersteinen das Andenken der Verfolgten und Ermordeten „sprichwörtlich mit den Füßen getreten". Die Kritiker erhalten Unterstützung vom Münchner Stadtrat, der das Projekt 2004 und erneut 2015 mehrheitlich ablehnte. 2004 lässt die Stadt die beiden Stolpersteine für Paula und Siegfried Jordan, die Demnig auf Initiative eines Münchner Gymnasiums in der Mauerkircherstraße 13 verlegt hatte, wieder ausgraben und deponiert sie auf dem jüdischen Friedhof. Den in England lebenden 92-jährigen Sohn Peter Jordan informiert die Stadt nicht. 1939 schickten seine Eltern den 15-jährigen Peter nach England, um ihn vor dem nationalsozialistischen Terror zu retten, sie selbst überlebten nicht. Da es keinen Grabstein für sie gibt, wünscht sich Peter Jordan, dass die Münchner sich an seine Eltern dort erinnern, wo sie

Der 1947 geborene deutsche Künstler Gunter Demnig wurde bekannt durch die Stolpersteine, die er alle persönlich verlegt.

zuletzt freiwillig gelebt hatten. In Terry Swartzberg, dem Vorsitzenden der Initiative „Stolpersteine für München", findet er einen Verbündeten mit großer Energie. Swartzberg engagiert sich dafür, dass es inzwischen 27 Stolpersteine in München gibt – allesamt auf privatem Grund, in Hofeinfahrten oder direkt an Hauswänden. Dort werden sie selten gesehen und verfehlen so im engeren Sinne die Intention ihres Schöpfers und seiner Fürsprecher: die Erinnerung an Menschen wachzuhalten, die mitten aus der Gesellschaft gerissen wurden: „Die Stolpersteine zeigen, dass diese Verbrechen eben nicht im Verborgenen geschahen, sondern mitten unter uns, in unseren Städten und Gemeinden", so Jan Mühlstein, Vorsitzender der liberalen jüdischen Gemeinde und ebenfalls Mitglied bei „Stolpersteine für München". Unterstützung erfährt die Initiative auch vom Präsidenten des Zentralrats der Juden, Josef Schuster. Dennoch ist bis heute in München keine Einigung in Sicht, obwohl alle dasselbe Ziel verfolgen: ein würdiges Erinnern an die Opfer des Nationalsozialismus.

Gedanken ins Stolpern bringen

Die Stolpersteine, aber auch der Streit um sie in München zeigt: Die Auseinandersetzung mit nationalsozialistischen Verbrechen und die Erinnerung an sie sind zum festen Bestandteil des Selbstverständnisses der deutschen Gesellschaft geworden. Gleichzeitig hält der Diskurs über die jeweils angemessene Form des Gedenkens auch über 70 Jahre nach Kriegsende an. Die Stolpersteine sind dabei nur eine Möglichkeit von vielen. Doch was unterscheidet die Stolpersteine von anderen Gedenkformen? Sie nehmen den nationalsozialistischen Verbrechen das Abstrakte. Sie sind konkret. Sie lassen Menschen mitten im Verkehrsstrom innehalten, sich bücken, lesen. Manche sind ergriffen und fangen sogar an zu weinen, andere eilen weiter. Die Stolpersteine drängen sich aber nicht auf, sie regen an.

REPUBLIK
FREIES WENDLAND

Frank Uekötter

DEUTSCHLAND „ERGRÜNT" – DER BUNDESDEUTSCHE ÖKO-MYTHOS

DER WEG ZUM GRÜNEN MUSTERLAND

„Ex und hopp!"

Vorherige Doppelseite: Im Juni 1980 räumt die Polizei das Hüttendorf, das Demonstranten bei Gorleben errichtet haben. Die Anwohner protestieren mit der Besetzung gegen den Bau einer Wiederaufarbeitungsanlage und ein Endlager für Atommüll.

Die *Trash People* des deutschen Aktionskünstlers HA Schult touren seit 1996 durch die ganze Welt und machen so auf die Müllproblematik aufmerksam.

Ende der 1960er Jahre unternahm die deutsche Verpackungsindustrie eine Werbekampagne, die in den deutschen Sprachgebrauch einging. „Ex und hopp!" lautete das Motto. Der aktuelle Duden, die 26. Auflage von 2013, vermerkt zu dieser Formulierung, sie werde „oft abwertend" verwendet. Wer heute von „ex und hopp" redet, kritisiert damit, „dass etwas auf Flüchtigkeit, Bequemlichkeit, Unverbindlichkeit (und eine gewisse Rücksichtslosigkeit oder Verantwortungslosigkeit) hin ausgerichtet ist". Die damalige Kampagne warb hingegen für den unbeschwerten Trinkgenuss aus der Einwegflasche, die man nach Gebrauch nicht mühsam in den Laden zurücktragen musste. Das Wirtschaftswunder ließ grüßen: Im Konsumrausch bekam das gedankenlose Wegwerfen einen lustvollen Zug.

Die „Ex und hopp"-Kampagne zeigt, dass der Aufbruch ins „Grüne" gewiss keine Konstante der westdeutschen Geschichte war. Wer um 1970 nach einem Vorbild in Sachen Umweltschutz suchte, fand es am ehesten in den USA. Da gab es aufregende Debatten, aufmüpfige Verbände und eine Regierung, die Umweltgesetze in Serie verabschiedete. In Westeuropa hätte man bei der Suche nach einem Musterland wohl eher auf Großbritannien gesetzt, wo gerade der Londoner Smog besiegt worden war, große Verbände für den Tierschutz eintraten und zehn Prozent der Landesfläche unter Naturschutz standen.

Die Partei Die Grünen gründet sich am 12./13. Januar 1980 in Karlsruhe. Bei der Wahl 1983 gelingt der Einzug in den Deutschen Bundestag.

Aber schon ein gutes Jahrzehnt später hatte sich das Bild gewandelt. Da galten die Vereinigten Staaten als der größte Umweltsünder der Welt und Großbritannien als „dirty man of Europe".

Die Bundesrepublik Deutschland hingegen „ergrünte" in einer Weise, die das Land bis heute prägt. Sichtbarstes Zeichen war der Aufstieg der Partei Die Grünen, die sich 1980 in Karlsruhe aus der Anti-Atomkraft-, Friedens- und Umweltbewegung heraus gründete und bereits 1983 erstmals in den Deutschen Bundestag einzog. Zahlreiche Themen, vom Wald und der Atomkraft bis zu Lebensmittelskandalen, hielten Bürger und Politik in Atem. Müsli, Birkenstock-Sandalen und „Umweltschutzpapier" wurden zu Insignien eines ökologischen Lebensstils.

Die Umweltbewegungen der 1970er und 1980er Jahre verstanden sich von Anfang an als eine globale Bewegung. Dünnsäureverklappung in der Nordsee, Robbenjagd in der Arktis, Abholzung am Amazonas – die Liste der internationalen Themen ist lang. Und doch war es eine sehr bundesdeutsche Bewegung: Während Staatsapparate in anderen Ländern als verhasste Obrigkeiten galten, vertrauten deutsche Aktivisten im Zweifelsfall auf die ordnende Hand des Staats. Der heftige, zum Teil gewaltsame Protest gegen Atomkraftwerke und andere Großprojekte hat lange Zeit verdeckt, dass ökologische Anliegen im politischen Alltag oft mit den Interessen des Verwaltungsapparats kompatibel waren. Bei vielen Themen lief es auf ein bemerkenswert effektives Wechselspiel zwischen Protest und Politik hinaus: Umweltbewegte verwiesen auf drängende Probleme – Politiker und Behördenchefs reagierten mit entschlossenen Maßnahmen und gewannen ganz nebenbei Ressourcen und Prestige. Nur so ist der phänomenale Aufstieg der Umweltpolitik zu verstehen.

„Nai hämmer gsait!" Das Plakat von 1982 steht für die erfolgreiche Anti-Atombewegung an der deutsch-französischen Grenze.

GRÜNE BEWEGUNGEN IN DER DDR

Die DDR kam in der Gedankenwelt der westdeutschen Umweltbewegung nur ganz am Rande vor. Vielen „Ökos" lag der tropische Regenwald näher als die Kiefernwälder Brandenburgs. Erst die Wiedervereinigung erzwang eine Auseinandersetzung mit ostdeutschen Themen, und dann fand sie vor allem in negativer Abgrenzung statt. Bei der DDR dachte man an Orte wie Bitterfeld, das Monika Maron 1981 in ihrem Roman *Flugasche* als „die schmutzigste Stadt Europas" tituliert hatte. Die DDR wurde das verwerfliche Gegenmodell zur ökologischen Bundesrepublik, das westlichen „Ökos" die tröstliche Einsicht vermittelte, dass es immerhin ein System gab, das es in Sachen Umweltverschmutzung noch schlimmer trieb als der westliche Kapitalismus. Mit dem zeitlichen Abstand hat dieser negative Mythos eher noch an Bedeutung gewonnen. Anders als Demokratie und Wohlstandsversprechen hat die ökologische Kritik an der DDR seit 1990 keine Relativierung erfahren.

Links: *Bitterfeld*: Manfred Butzmann zeigt auf seiner Radierung von 1979 eine triste Industrielandschaft.

Rechts: Verbotene Protestaktion von DDR-Umweltschützern im Mai 1984 vor dem Industriegelände von Leuna.

Dabei hatte auch die DDR gewisse ökologische Traditionen. Bis Mitte der 1970er Jahre war die Umweltpolitik in Ost- und Westdeutschland noch durchaus auf Augenhöhe, erst danach nahm die Stagnation in der DDR überhand, während die Bundesrepublik „ergrünte". Zwar blühte die Umweltbewegung auch in Ostdeutschland auf, aber der unter den Bedingungen der Diktatur eingeübte Verhaltensstil

war nach 1990 ein zwiespältiges Erbe: Dezentrale Strukturen, eine nach innen gerichtete Publizistik und eine antagonistische Einstellung zur Verwaltung standen bundesdeutschen Gepflogenheiten gegenüber, wo professionell organisierte Verbände enge Beziehungen zu Politik und Medien unterhielten. So blieben von der DDR vor allem die Altlasten vom berüchtigten „Silbersee" bei Wolfen bis zum Uranbergbau der SDAG Wismut, deren Sanierung Milliarden verschlang.

WANDEL DER UMWELTTHEMEN

Auch die Bundesrepublik hatte ihre Giftmüllskandale, sie wurden nur früher entdeckt und waren deshalb zur Zeit der Wiedervereinigung schon mehr oder weniger aus der Erinnerung geschwunden. Aber Schein und Wirklichkeit klafften nicht erst im Zeitalter der Ökologie auseinander. Bei der „Ex und hopp"-Kampagne der Verpackungsindustrie ging es Ende der 1960er Jahre keineswegs nur um eine krasse Wegwerfmentalität, sondern auch um das, was heute „Öko-Effizienz" heißt. Immer-

Recycling-Kampagne der 1980er Jahre.

1981 wird ein Umweltthema zum Medienereignis, das die Deutschen sehr bewegt: das Waldsterben.

hin war es damals gelungen, das Gewicht einer 0,33-Liter-Getränkeflasche aus Glas von 450 Gramm auf 225 Gramm zu reduzieren. Dafür gäbe es heute wohl einen Umweltpreis.

Im Lichte solcher Paradoxien wirken die Verzerrungen des Umweltprotests gar nicht mehr so dramatisch. Das Anfang der 1980er Jahre befürchtete „Waldsterben" trat nie ein, aber der saure Regen machte den deutschen Wäldern durchaus sehr zu schaffen. „Seveso" – Synonym des dramatischen Dioxin-Unfalls 1976 in Italien – war vielleicht nicht „überall", wie Egmont R. Koch und Fritz Vahrenholt in ihrem Bestseller von 1978 verkündeten, aber die Gefahren der Großchemie waren keineswegs fiktiv. Der von der Anti-Atomkraft-Bewegung befürchtete „GAU" wurde in Harrisburg, Tschernobyl und Fukushima Realität.

Kein Zweifel: Die ökologische Selbstgefährdung der industriellen Zivilisation war keine Erfindung hysterischer Öko-Aktivisten. Aber Alarmismus war lange Zeit in der Umweltbewegung weitaus weniger populär als in den Medien – mustergültig zu beobachten beim Waldsterben, das erst durch reißerische Presseberichte ins Blickfeld einer Umweltszene geriet, die eigentlich lieber Atomkraftwerke als Kohlekraftwerke attackierte. Und es mussten ja nicht immer die ganz großen Herausforderungen sein. Man kann den Aufstieg der Grünen wohl nur verstehen, wenn man neben der turbulenten Landes- und Bundespolitik auch Kommunen und Landkreise in den Blick nimmt, wo ökologische Anliegen greifbare Formen annahmen. Verkehr, Müll, Energie, Abwasser, Erholung – bei solchen Themen verstanden auch eher traditionell gestimmte Zeitgenossen, dass die Anliegen der Grünen etwas für sich hatten.

Kritischer sieht es aus, wenn man den breiten Kontext in den Blick nimmt. Für die Westdeutschen waren Umweltprobleme Herausforderungen jenseits von Stand und Klasse: „Not ist hierarchisch, Smog ist demokratisch", schrieb der Soziologe Ulrich Beck 1986 in seinem Buch *Risikogesellschaft*. Außerhalb der westlichen Welt galten ökologische Probleme hingegen oft als eine Dimension sozialer Ungleichheit. „Ist denn nicht Armut der größte Umweltverschmutzer", fragte die indische Premierministerin Indira Gandhi 1972 auf dem Umweltgipfel von Stockholm. Wenn eine Plantage oder ein Staudammprojekt lokale Lebensweisen durcheinanderwirbelten, waren die ökologischen Folgen kaum von ökonomischen und sozialen Fragen zu trennen.

Aufkleber der Gewerkschaft Gartenbau, Land- und Forstwirtschaft von 1985.

Erstaunlich lange hat sich die deutsche Umweltszene geweigert, diese weiteren Bezüge zur Kenntnis zu nehmen. Sie blieb von einem engen Verständnis ökologischer Probleme geprägt, bei dem andere Aspekte erst als pragmatische „Umset-

Nicht immer passen Lebensstil und Umweltbewusstsein zusammen: Karikatur von Klaus Stuttmann von 2007.

Rechte Seite:
Die Nichtregierungsorganisation Attac engagiert sich im Grenzbereich von Globalisierung und Ökologie; hier ein Aufkleber von 2002.

zungsprobleme“ in den Blick kamen. Erst um die Jahrtausendwende etablierte sich mit den Globalisierungskritikern von Attac ein Verband, der Umweltthemen in Verbindung mit anderen Fragen sozialer Gerechtigkeit reflektierte.

Auch der Weg von der Diagnose zur Therapie ist im 21. Jahrhundert umständlicher geworden. In den Hochzeiten der Umweltdebatte gab es noch ganz plakative Umweltprobleme, die sich kurzfristig lösen ließen. Man brauchte nur ein paar spektakuläre Bilder, um zu der Einsicht zu kommen, dass die blutige Jagd auf Wale schleunigst beendet werden sollte. Auch beim Waldsterben fanden die Horrorvisionen im Ruf nach Entschwefelungsanlagen eine passende Lösung. Aber irgendwann gingen der Bewegung die Themen aus, die man mit Verboten oder technischen Lösungen rasch in den Griff bekommen konnte. Die Energiewende oder die Ökologisierung der Agrarproduktion sind echte Generationenprojekte, bei denen es auf einen langen Atem ankommt.

Ist der grüne Mythos also lediglich ein Relikt aus einer Zeit der umweltpolitischen Unschuld, als Probleme und Lösungen noch ganz einfach zu sein schienen? Wie alle politischen Mythen hat auch die grüne Variante eine bemerkenswerte Kraft zur selektiven Wahrnehmung. Die Stromerzeugung aus Kohle und die Landschaftszerstörung durch den Braunkohletagebau kamen erst langsam in den Blick, die freie Fahrt auf Autobahnen blieb ein deutsches Dogma, und die Liebe zur fleischlastigen

Ernährung ist so tief verankert, dass schon der Gedanke an einen „Veggie-Day" im Bundestagswahlkampf 2013 zum Aufschrei führte.

Das grüne Deutschland wurzelt gewiss auch in einem Verständnis ökologischer Herausforderungen, das die deutschen Stärken bedient. Besonders deutlich wird dies bei der Umwelttechnik: Für ein Land mit forschungsintensiver Industrie bieten Umweltprobleme wirtschaftliche Chancen. Das Argument, „Umweltschutz schafft Arbeitsplätze", darf in Deutschland seit den 1980er Jahren in keiner Umweltdebatte fehlen, aber zu selten wird bedacht, dass dies eine sehr deutsche Perspektive ist. Eine Weltsicht, in der andere Länder nur als begeisterte Käufer deutscher Umwelttechnologien vorkommen, ist im Ausland nicht leicht zu vermitteln.

Auch die deutsche Umweltszene hat Abtrünnige hervorgebracht, und so mancher Komödiant hat sich bereits des Themas bemächtigt. Der Spott fällt leicht, vor allem wenn sich Ökologie mit anderen deutschen Obsessionen wie Sauberkeit und Ordnungsliebe paart wie etwa bei der Mülltrennung. Und doch bleibt das Echo überschaubar: Im Unterschied zu vielen anderen westlichen Ländern gibt es in Deutschland keine große Partei, die aus solcher Kritik Kapital zu schlagen sucht. Vielleicht spricht daraus auch die Einsicht, dass das Thema keine Weltanschauungskonflikte lohnt? So sehr man heute manche Naivität der 1970er und 1980er Jahre belächeln mag, so sehr bleiben die damaligen Fragen auch im 21. Jahrhundert aktuell. Und soll man sich über einen überzogenen Öko-Fimmel wirklich Sorgen machen? Niemand muss Angst haben vor einem Deutschen, der penibel seinen Müll trennt. Das kann man gewiss nicht von allen deutschen Mythen sagen.

„Deutschland ist bei der Entwicklung erneuerbarer Energien, den Umwelttechnologien, der Energieeffizienz und den politischen Rahmenbedingungen für Klima- und Umweltschutz Vorreiter. Wir sind dabei, aus der Vereinbarkeit von Ökologie und Ökonomie eine Meisterschaft zu machen."

Bundeskanzlerin Angela Merkel, 3. Oktober 2009

Anne-Maike Ewert

„Atomkraft? Nein danke"

„Atomkraft? Nein danke", „Frieden schaffen – ohne Waffen": Mit zahlreichen Aufklebern dieser Art beklebte ein Jugendlicher aus Simmerath bei Aachen Ende der 1970er Jahre die Tür seines Kinderzimmers. Die Umwelt- und Friedensbewegung war auf ihrem Höhepunkt, und vor allem junge Menschen sorgten sich um die Umweltzerstörung und die Risiken der Atomkraft.

Diese Haltung hatte jedoch keine lange Tradition. Noch Anfang der 1970er Jahre wurde die Kernspaltung als saubere und fortschrittliche Energiequelle gefeiert – obwohl seit den Atombombenabwürfen auf Hiroshima und Nagasaki 1945 und den sich anschließenden Atomwaffentests in der Südsee durchaus Angst vor einem möglichen atomaren Krieg bestand. Die Energiegewinnung durch Atomkraft wurde im Gegensatz dazu von Politik und Wissenschaft als friedliche Technologie dargestellt. Allerdings ließ die technische Realisierbarkeit auf sich warten. So wurden erst in den 1970er Jahren in Deutschland Standorte für Kernkraftwerke gesucht, wobei in den betroffenen Regionen wie in Whyl oder Brokdorf meist sofort Bürgerproteste gegen die Bauvorhaben aufkamen. Dabei war über die Atomtechnologie in der Öffentlichkeit noch recht wenig bekannt. Erste Reaktorunfälle wie 1979 im Kraftwerk Three Mile Island in Harrisburg, Pennsylvania/USA, bestätigten die Aktivisten in ihrem Tun. Die Anti-Atomkraft-Bewegung wurde in den 1970er Jahren zu einer der größten Massenbewegungen weltweit und umfasste in ihren Protesten auch den Widerstand gegen die Wiederaufbereitung von Brennstäben und die Endlagerung von Atommüll.

Ein Logo geht um die Welt

Ein Aufkleber auf der Tür sticht besonders heraus: die rote Sonne auf gelbem Grund, die sich als wichtigstes Symbol der Anti-Atomkraftbewegung etabliert hat. Die damals 21-jährige dänische Studentin Anne Lund hat es 1975 entworfen und es ist bis heute bei Demonstrationen gegen Atomkraft in aller Welt zu sehen. Dabei wird die originale Aufschrift „Atomkraft? Nej tak" in die jeweilige Landessprache übersetzt – inzwischen in über 45 Sprachen. Das Design ist vom Warnzeichen für radioaktive Strahlung abgeleitet, zeigt jedoch anstelle des schwarzen Flügelrads auf gelbem Grund eine freundlich lächelnde rote Sonne. So ist es kein abschreckendes, sondern ein positiv besetztes Motiv, das für den Ausstieg aus der Atomenergie und einen fortschrittlichen Umgang mit erneuerbaren Energien werben soll. Die Rechte an dem weltweit bekannten Logo liegen bei der dänischen „Organisation zur Aufklärung über die Atomkraft". Diese löste sich jedoch im Jahr 2000 auf, weil sie alle ihre Ziele erreicht hatte: Die dänische Regierung beschloss bereits 1985 den Ausstieg aus der Atomkraft und wirkte dann darauf hin, dass auch der erste Block des in der Nähe der dänischen Grenze gelegenen schwedischen Atomkraftwerks Barsebäck 1999 abgeschaltet wurde. Mit den Einnahmen aus den Lizenzgebühren für das Logo werden jedoch bis heute Atomkraftproteste in anderen Ländern finanziert, sodass die Anti-Atomkraft-Sonne noch eine Zukunft hat, solange Atomkraftwerke in Betrieb sind und sogar neue gebaut werden.

Die Tür eines Jugendzimmers der 1970er Jahre zeigt das politische Interesse vieler Jugendlicher: Mit provokanten Sprüchen wenden sie sich gegen Atomkraft, Aufrüstung und Umweltzerstörung.

Dominik Geppert

VORBILDLICHE EUROPÄER? DER DEUTSCHE MYTHOS VOM VORKÄMPFER UND ZAHLMEISTER EUROPAS

EN FE DE LO CUAL, los plenipotenciarios abajo firmantes
Tratado.
TIL BEKRÆFTELSE HERAF har undertegnede befuldmægtigede
denne Traktat.
ZU URKUND DESSEN haben die unterzeichneten Bevollmächtigten
Unterschriften unter diesen Vertrag gesetzt.
ΕΙΣ ΠΙΣΤΩΣΗ ΤΩΝ ΑΝΩΤΕΡΩ, οι υπογεγραμμένοι πληρεξούσιοι
παρούσα συνθήκη.
IN WITNESS WHEREOF the undersigned Plenipotentiaries have
EN FOI DE QUOI, les plénipotentiaires soussignés ont apposé leurs
bas du présent traité.
DÁ FHIANÚ SIN, chuir na Lánchumhachtaigh thíos-sínithe a lámh
seo.
IN FEDE DI CHE, i plenipotenziari sottoscritti hanno apposto le loro
al presente trattato.
TEN BLIJKE WAARVAN de ondergetekende gevolmachtigden hun
onder dit Verdrag hebben gesteld.
EM FÉ DO QUE, os plenipotenciários abaixo assinados apuseram as
no final do presente Tratado.
Hecho en Maastricht, el siete de febrero de mil novecientos
Udfærdiget i Maastricht, den syvende februar nitten hundrede og
Geschehen zu Maastricht am siebten Februar neunzehnhundertzweiundneunzig.
Έγινε στο Μάαστριχτ, στις εφτά Φεβρουαρίου χίλια εννιακόσια
Done at Maastricht on the seventh day of February in the year one
hundred and ninety-two.
Fait à Maastricht, le sept février mil neuf cent quatre-vingt-douze.
Arna dhéanamh i Maastricht, an seachtú lá d'Fheabhra, míle
Fatto a Maastricht, addì sette febbraio millenovecentonovantadue.
Gedaan te Maastricht, de zevende februari negentienhonderd
Feito em Maastricht, em sete de Fevereiro de mil novecentos e
UP-UEM/X 2
Pour Sa Majesté le Roi des Belges
Voor Zijne Majesteit de Koning der Belgen
For Hendes Majestæt Danmarks Dronning
Für den Präsidenten der Bundesrepublik Deutschland
Thedor Waigel
Για τον Πρόεδρο της Ελληνικής Δημοκρατίας

VORBEHALTE GEGENÜBER DEUTSCHLAND

„Wo viele Deutsche sich als großzügige Finanziers sehen, die brutto wie netto mehr als alle anderen zum EU-Budget beitragen, erblicken andere in der Bundesrepublik den Hauptprofiteur des Binnenmarkts [...]“

Vorherige Doppelseite: Mit der Unterzeichnung der Römischen Verträge 1957 schaffen Belgien, die Bundesrepublik, Italien, Frankreich, Luxemburg und die Niederlande die Keimzelle der heutigen Europäischen Union.

Der 1992 unterzeichnete Vertrag von Maastricht stellt die größte Änderung der Verträge seit Gründung der Europäischen Gemeinschaft dar.

Wer nach den Wurzeln und Wirkungen des deutschen Europa-Mythos sucht, kann an schlechteren Orten beginnen als im Dom zu Speyer. Dorthin hatte Bundeskanzler Helmut Kohl im April 1989, noch ehe die friedlichen Revolutionen im Ostblock die europäische Nachkriegsordnung erschütterten, die britische Premierministerin Margaret Thatcher eingeladen. Kohl hoffte, sein schwieriges Verhältnis zur Eisernen Lady zu entkrampfen, indem er ihr sein Heimatland nahebrachte. Zu diesem Zweck empfing er die Britin in Oggersheim, ließ pfälzischen Saumagen servieren und führte die Besucherin zur Grablege der salischen Kaiser im Speyerer Dom. Dort zog der Kanzler – der Überlieferung des Thatcher-Biografen John Campbell zufolge – den engsten außenpolitischen Berater der Premierministerin, Charles Powell, hinter einen Pfeiler und raunte ihm zu, nun da Thatcher ihn, Kohl, in seiner Heimat erlebt habe, im Herzen Europas, werde sie doch verstehen, dass er nicht nur Deutscher, sondern Europäer sei: „Sie müssen sie davon überzeugen!“ Falls Powell jemals im Sinn gehabt haben sollte, dieser Aufforderung nachzukommen, wurde ihm

Bundeskanzler Helmut Kohl zeigt der britischen Premierministerin Margaret Thatcher 1989 den Dom zu Speyer in seiner Heimat Rheinland-Pfalz.

die Aussichtslosigkeit seines Vorhabens rasch deutlich. Thatcher ließ sich, kaum an Bord des Flugzeugs, das sie zurück nach London brachte, in ihren Sitz fallen und rief: „Mein Gott, der Mann ist so deutsch!"

DEUTSCHLAND ALS ZAHLMEISTER?

Es griffe zu kurz, wollte man das Unverständnis, auf das die deutsche Identifizierung mit Europa im Ausland stößt, nur auf die notorische Europaskepsis und Germanophobie der Eisernen Lady zurückführen. Thatcher brachte lediglich besonders brüsk die mentalen Vorbehalte zum Ausdruck, die tiefer verwurzelt und weiter verbreitet sind, als man in Deutschland lange Zeit annahm. Wo viele Deutsche sich als großzügige Finanziers sehen, die brutto wie netto mehr als alle anderen zum EU-Budget beitragen, erblicken andere in der Bundesrepublik den Hauptprofiteur des Binnenmarkts, weil sie als Exportnation die größten Gewinne aus einem unbeschränkten Außenhandel zieht; wieder andere glauben, wie Thatcher 1984 ihrem Berater George Urban gegenüber äußerte, es sei stets eine Fehlbezeichnung gewesen, Deutschland als „Zahlmeister Europas" zu bezeichnen: „Die Deutschen haben

Im August 2012 titelt die britische Zeitschrift *The Economist* – angesichts der Finanzkrise – mit der sarkastischen Frage „Tempted, Angela?" – Versuchung für Merkel, den Euro zu zerstören?

lediglich Reparationen für das bezahlt, was sie während des Krieges angerichtet haben." Während man in Deutschland gern darauf verweist, im Zuge der Schuldenkrise die höchsten Bürgschaften für die europäischen „Rettungsschirme" übernommen zu haben, sehen vor allem Südeuropäer darin nur das Machtmittel eines ungeliebten Zuchtmeisters.

Betrachtet man die absoluten Zahlen, führt kein Mitgliedsstaat so viel Geld nach Brüssel ab wie die Bundesrepublik. Im Haushaltsjahr 2012 waren es mehr als 26 Milliarden Euro, rund ein Fünftel des EU-Gesamtbudgets. Auch nach Abzug der Rückflüsse durch europäische Fördermittel, etwa für Landwirtschaft, strukturschwache Regionen oder Forschungsprogramme, bleibt Deutschland mit 11,95 Milliarden Euro ein Nettozahler. Ein etwas anderes Bild ergibt sich, wenn man die Kosten auf die Zahl der Einwohner umlegt. Im Jahr 2012 landete die Bundesrepublik nach dieser Rechnung hinter Schweden, Dänemark und Luxemburg auf Rang vier.

Die Eurokrise hat Deutschland bislang noch kein Geld gekostet. Kritiker verweisen allerdings darauf, dass der Staat durch die Beteiligung an Rettungspaketen der Eurozone und des IWF beträchtliche Risiken eingeht. An den Krediten für Griechenland ist die Bundesrepublik bei einem Gesamtvolumen von mehr als 200 Milliarden Euro mit 60 Milliarden beteiligt. Mit 22 Milliarden Euro hält sie 27 Prozent der Einzahlungen in den Rettungsfonds ESM. Dem kann man entgegenhalten, Deutschland profitiere seit Ausbruch der Krise von den extrem niedrigen Zinsen auf Bundesanleihen, die als besonders sichere Staatspapiere hoch im Kurs der Investoren stehen. Tatsächlich ist es so, dass im Durchschnitt jeder deutsche Sparer im Jahr 2013 260 Euro private Verluste wegen niedrigerer Zinseinnahmen zu verzeichnen hatte; dem stehen jedoch umgerechnet pro Kopf 100 Euro an öffentlicher Einsparung durch die niedrigere Verzinsung der deutschen Staatsschulden und 190 Euro private Gewinne aufgrund niedrigerer Kreditzinsen gegenüber.

„Die wollen doch alle nur unser Geld! Machen sich da in ihren runtergewirtschafteten Pleiteländern einen Lenz, und wer muss dafür bluten? Ja wie immer, wenn's ans Bluten geht: die Deutschen, die Zahlmeister Europas."
Wilfried Schmickler, Kabarettist, 2010

MYTHOS VON DER IDEE EUROPA

Meinungsverschiedenheiten über die Deutschen als Zahl- oder Zuchtmeister haben ihre Ursache nicht nur in einem verzerrten Blick anderer Europäer auf Deutschland, sondern auch in dem Bild der Deutschen von sich selbst, das von außen oft schwer nachvollziehbar ist. Der deutsch-britische Soziologe Ralf Dahrendorf pflegte ungehalten zu reagieren, wenn man ihm zum Beweis für den deutschen Sinneswandel nach 1945 Thomas Mann zitierte; der Schriftsteller hatte 1953 in einer Ansprache vor Hamburger Studenten dazu aufgerufen, sich „nicht zu einem deutschen Europa, sondern zu einem europäischen Deutschland“ zu bekennen. Seine deutschen Landsleute wollten einfach nicht begreifen, klagte Dahrendorf, dass für Nichtdeutsche der Unterschied zwischen einem „deutschen Europa“ und einem „europäischen Deutschland“ gering sei. Was man aus beiden Wendungen heraushöre, sei die Gleichsetzung von Deutschland mit Europa.

Anlässlich des 50. Jahrestags der Unterzeichnung der Römischen Verträge geben 13 Euroländer im Jahr 2007 erstmals eine motivgleiche 2-Euro-Gedenkmünze heraus.

Die besondere westdeutsche Bindung an Europa ist eng mit dem Mythos der europäischen Integration nach 1945 verwoben. Diese Gründungsgeschichte handelt vom Wiederaufstieg des Kontinents aus den Trümmern zweier verheerender Kriege, von der Überwindung der Feindschaft zwischen den europäischen Nationen, der Sicherung der Zukunft durch Zusammenarbeit und gemeinsame Lösung von Problemen, kurz: von der Konstituierung eines prosperierenden und demokratischen Europa als Gegenmodell zu den Irrwegen nationalsozialis-

> „Wenn irgendwo Geld gebraucht wird,
> wendet man stumm den Blick auf die Deutschen."
> *Bundeskanzler Helmut Kohl*
> *beim EG-Gipfel in Kopenhagen zu Journalisten, 22. Juni 1993*

tischer Gewaltherrschaft mit ihren unübersehbaren Folgen von Verwüstung und Leid. Es gehörte zu den größten Erfolgen der europäischen Einigung und zugleich zu ihren wichtigsten Bedingungsfaktoren, dass sich sowohl Sieger als auch Verlierer der beiden Weltkriege, sowohl Opfer als auch Täter, auf diese Lesart der Geschichte einigen konnten.

Tatsächlich lag nach der Katastrophe des „Dritten Reichs", der Niederlage im Zweiten Weltkrieg und der sich abzeichnenden Spaltung des Landes im Kalten Krieg gerade für die geschlagenen und geteilten Deutschen in der europäischen Vision ein attraktives Identitätsangebot. Auf einer Veranstaltung der CDU in der britischen Besatzungszone erklärte der spätere Bundeskanzler Konrad Adenauer im März 1946, er sei Deutscher und bleibe Deutscher, „aber ich war auch immer Europäer und habe als solcher gefühlt". Und der SPD-Politiker Carlo Schmid verkündete zur Eröffnung des Parlamentarischen Rats, „daß das deutsche Volk zum mindesten entschlossen ist, aus der nationalstaatlichen Phase seiner Geschichte in die übernationalstaatliche Phase einzutreten". Insofern verlieh das Bekenntnis zu einem „vereinten Europa" in der Präambel des Grundgesetzes von 1949 einem überparteilichen Konsens Ausdruck.

Bundeskanzler Konrad Adenauer (r.) begleitet den französischen Präsidenten Charles de Gaulle (l.) am am 5. September 1962 bei dessen Besuch in Bonn.

Besonders die Aussöhnung mit dem „Erbfeind" Frankreich fand in der Bundesrepublik von Anfang an breiten Anklang. Das zeigte sich nicht nur bei den frühen Städtepartnerschaften zwischen beiden Ländern. Auch beim Schuman-Plan von 1950 und den Römischen Verträgen, die zum 1. Januar 1958 in Kraft traten, waren Paris und Bonn die treibenden Kräfte. Rückschläge wie das Scheitern der Europäischen Verteidigungsgemeinschaft 1954 konnten in der französisch-deutschen Erfolgsgeschichte, die im Élysée-Vertrag von 1963 kulminierte, gleichsam „wegerzählt" werden. Auch führende Politiker außerhalb Deutschlands machten sich nach 1945 für einen Zusammenschluss Europas stark. Winston Churchill, damals britischer Oppositionsführer, erklärte 1946, man müsse „die europäische Familie in einem Regionalsystem" um einen deutsch-französischen Kern herum neu aufrichten. Selbst Charles de Gaulle plädierte in den 1940er Jahren stärker, als man annehmen mag, für eine europäische Einigung.

1950 durchbrechen deutsche und französische Studenten mehrere Grenzübergänge zwischen beiden Ländern. Sie fordern einen einheitlichen europäischen Staat.

Zugleich hat die historische Forschung jedoch deutlich gemacht, wie sehr die mythenhaften Gründergestalten jener Frühphase der europäischen Integration nach wie vor in den Kategorien des Nationalstaats dachten und wie beharrlich sie die Interessen ihrer Heimatländer im Auge hatten. Für Churchill waren die Vereinigten Staaten von Europa eine zeitgemäße Form der traditionellen britischen Gleichgewichtspolitik, die darauf zielte, den Kontinent ruhig zu halten und den Aufstieg einer Hegemonialmacht zu verhindern. Großbritannien sollte diesem Staatenverbund nach Churchills Vorstellung nicht angehören. De Gaulle hatte schon Ende der 1940er Jahre vor allem die französische Führungsrolle im Sinn, wenn er sich für eine europäische Union erwärmte. Er habe immer gedacht, sagte er 1948, „daß Frankreich zwischen einem Großbritannien, das vom Commonwealth in Anspruch genommen wird, und einem Deutschland, das sich sucht, schon von der Geographie dazu bestimmt ist, die europäische Union auf den Weg zu bringen".

ABKEHR VOM NATIONALISMUS

Für Adenauer ging es darum, über die europäische Integration nationale Souveränitätsrechte für die Bundesrepublik überhaupt erst zu gewinnen. Es war keine vollständig durchdachte außenpolitische Strategie, mehr eine historisch gewachsene, aus persönlicher Erfahrung gereifte, pragmatische Überzeugung, dass Westdeutschland genuiner Bestandteil Europas sei und mit Frankreich und den Beneluxstaaten wirtschaftlich verflochten werden müsse. In der Situation der Jahre nach 1945 wies nur ein solches Vorgehen einen Weg aus der Besatzungsherrschaft heraus und vermochte eine Perspektive zu eröffnen, wie eine deutsche Isolation in Europa vermieden werden konnte. Ein Überleben der Marktwirtschaft und eine wirtschaftliche Erholung waren für Adenauer nicht anders denkbar als durch eine Wiederherstellung der organischen Verflechtung zwischen den Industriegebieten an Rhein und Ruhr, im Saarland, in Luxemburg und in Lothringen. Insofern war die europäische Einigung für Adenauer nicht nur Herzensangelegenheit, sondern zugleich eine Sache des kühlen Verstandes, denn sie zielte auf wirtschaftliche Prosperität der Bundesrepublik und die Reintegration des westdeutschen Staats in die europäische Staatenwelt.

„The most opened“: 1998 zeichnet der polnische Karikaturist Jacek Frankowski den deutschen Bundeskanzler Helmut Kohl als Grenzöffner.

Die nächsten Generationen europäischer Politiker, die von den 1970er bis in die 1990er Jahre die Integration vorantrieben, waren nicht mehr wie die Älteren im ausgehenden 19. Jahrhundert geboren worden. Sie hatten vielmehr in ihrer Jugend den Zweiten Weltkrieg und die Schrecken, die er mit sich gebracht hatte, erlebt. Einige von ihnen hatten als Soldaten an der Front gekämpft: Helmut Schmidt etwa oder auch Edward Heath, der sein Land als britischer Premierminister 1973 in die Europäische Gemeinschaft führte. Andere gehörten der sogenannten Flakhelfer-Generation an und hatten wie Helmut Kohl nach Kriegsende die Schlagbäume an den Landesgrenzen gestürmt und Grenzsteine aus dem Boden gerissen. Diese Prägung kann den missionarischen Eifer erklären, mit dem sie in ihrer Europapolitik zu Werke gingen.

Kohl und seinen Altersgenossen war schmerzlich bewusst, dass in Deutschland der Nationalismus im „Dritten Reich" wie in keinem anderen Land Europas zum Exzess gesteigert worden war und ins Verderben geführt hatte. Entsprechend positiv erschien vor diesem Hintergrund die Abkehr vom Nationalismus durch Integration in die Europäische Gemeinschaft. Margaret Thatcher hat in ihren 1993 erschienenen Erinnerungen bemerkt, das Bedürfnis deutscher Politiker, ihr Nationalbewusstsein mit einer weiter gefassten europäischen Identität zu verschmelzen, sei zwar verständlich, doch stelle es die selbstbewussten Staaten Europas vor Probleme: „Weil die Deutschen eine Scheu davor haben, sich selbst zu regieren, versuchen sie ein europaweites System zu schaffen, in dem sich keine Nation mehr selbst regiert." Das war boshaft formuliert, aber nicht ganz unzutreffend.

Es griffe jedoch zu kurz, würde man den deutschen Europa-Mythos nur als Ersatz-Nationalismus und positives Gegenmodell zur düsteren deutschen Nationalgeschichte begreifen. Weiter zurückreichende nationale Traditionen und Denkmuster verschwanden keineswegs. So spielen Analogien zur Reichseinigung 1871 bei der deutschen Deutung der europäischen Einigung eine bedeutende, wenn auch oft kaum bewusst gemachte Rolle. Wie der Zollverein von 1834 angeblich die Gründung des Deutschen Reichs handelspolitisch vorbereitete, erscheinen Montanunion, EWG und Euro aus deutscher Sicht als Vorläufer einer künftigen politischen Union. 1984 wurde zum 150. Jubiläum der Zollvereinsgründung eine 5-DM-Münze mit der Aufschrift „Zollverein – Deutschland – EWG – Europa" geprägt, die von dieser Interpretationslinie Zeugnis ablegt. Bis 1871 gingen die Deutschen davon aus, ihre deutsche Nation sei geistig-kulturell schon vorhanden, habe aber noch nicht ihre endgültige staatliche Form gefunden. Heute verhält es sich tendenziell ähnlich in den deutschen Debatten über Europa: Es ist immer schon da, und bleibt zugleich stets unfertig.

Von Ferne hallt, wenn man genau hinhört, auch noch das Echo des 1806 untergegangenen alten Reichs nach. Der Historiker Golo Mann hat einmal gesagt, das Reich sei für die deutsche Geschichte nicht so sehr durch seine Erfüllung bedeutungsvoll

„Ich glaube, sagen zu können, daß die Vorstellung einer europäischen Verständigung, daß der Gedanke an die Schaffung eines vereinten Europas zu den Ideen gehört, die am stärksten in unserem deutschen Volk und ganz besonders in der deutschen Jugend Widerhall gefunden haben."
Heinrich von Brentano, Vorsitzender der CDU/CSU-Fraktion, 1950

In seiner Karikatur nimmt Walter Hanel Bezug auf die Unterzeichnung des Maastrichter Vertrages. Die zwölf europäischen Staats- und Regierungschefs beschließen im Februar 1992 einen Fahrplan für den Ausbau des vereinigten Europas.

gewesen, sondern durch seine Legende, seine Vorstellung, Idee, Erinnerung. Gern wird von deutschen Historikern die negative Wirkung des Reichsmythos betont, der erst Demokratie und Nationalstaatsgründung in Deutschland verzögert und später als Brücke zwischen Hitler und dem konservativen Bürgertum gedient habe. Doch in sublimierter Form lebt die Erinnerung auch in den deutschen Europavorstellungen fort. Wenn von universalen Ideen, einem übernationalen Staatsgedanken und der grenzüberschreitenden Gemeinschaft im Recht die Rede ist, kann man den Widerhall der alten Reichstradition vernehmen. Der irische Historiker Brendan Simms meint sogar, die Deutschen hätten einen Großteil ihrer vormodernen politischen Kultur in die EU eingebracht: „insbesondere die Neigung zur Verrechtlichung politischer Dispute, zu endlosen Debatten und zur Ausrichtung auf Verfahren – mit der Folge, dass die EU zunehmend dem alten Heiligen Römischen Reich ähnelt".

Ein Staat sei ein „kaltes rationales Gebilde", schrieb der Berliner Politikwissenschaftler Herfried Münkler in dem Sammelband *Macht des Mythos – Ohnmacht der Vernunft?*. Er verfolge zwar Ziele und Zwecke, könne aber für sich im emphatischen Sinne eigentlich keinen Sinn reklamieren – im Gegensatz zum Reich, das Bedeutung besitze und Sinn habe. Ein Staat legitimiere sich vor den Bürgern durch seine Funktionstüchtigkeit; die Legitimation des Reichs hingegen sei sein Alter, seine Stiftung durch Gott, seine wunderbare Geschichte mitsamt der ihm noch verheißenen Zukunft: „Ein Staat rechtfertigt sich durch Verweis auf harte Fakten, die Rechtfertigung des Reichs hingegen ist die Erzählung einer Geschichte, der Bericht von Träumen und Visionen, der Verweis auf drohende Schrecken und die Hoffnung auf Rettung in höchster Not." Ersetzt man den Reichsbegriff durch „Europa", liefert Münkler eine ziemlich präzise Beschreibung der idealistischen Überhöhung, die man in Deutschland der europäischen Einigung heutzutage oft angedeihen lässt.

Eine derartige Sakralisierung ist nicht deswegen problematisch, weil ihr historische Fakten entgegenstehen. Ein Mythos ist weder richtig noch falsch, sondern wirkmächtig oder nicht. Die zentrale Schwierigkeit besteht darin, dass Europa – und zwar das gegenwärtig real existierende ebenso wie das künftige, erträumte Europa – anders aussieht, wenn man es durch die Brille anderer Nationalgeschichten betrachtet. Helmut Kohl fühlte sich im Speyerer Dom vom Mantel alteuropäischer Geschichte umhüllt. Für Margaret Thatcher standen die Salier allenfalls für einen von vielen gescheiterten Versuchen, den Kontinent zu einigen. Hierin liegt die tiefere Ursache für den Dialog der Taubstummen, den Kohl und Thatcher am Grab Heinrichs IV. miteinander führten.

Bettina Citron

Moritz Götze – Ein moderner Mythenmaler

Der 1964 in Halle an der Saale geborene Maler und Grafiker Moritz Götze versteht sich selbst als „Künstler von Erzählungen und Mythen". In seinem Werk beschäftigt er sich mit geschichtlichen Ereignissen und Motiven historischer Gemälde oder Skulpturen, die er verfremdet und in die Gegenwart transponiert. Die großformatige Arbeit *Wo die Sonne aufgeht II* aus dem Jahr 2002 ist typisch für Götzes ironische Interpretation der deutschen Geschichte.

Als Vorlage für dieses Bild diente das Gemälde *Victoria* von Anton Alexander von Werner von 1880. Es zeigt zwei germanische Krieger, die von einer geflügelten Siegesgöttin mit Krone und Lorbeerzweig geehrt werden. Sie besiegeln die Waffenbrüderschaft zwischen Nord- und Süddeutschland als Grundlage für die Entstehung des Deutschen Reichs. In dem Gemälde von Moritz Götze hat sich die Landschaft der Vorlage in eine Halde mit Zivilisationsmüll verwandelt, und die Siegesgöttin hält statt der Herrscherkrone das Symbol des Euro in der Hand.

Herr Götze, warum interessieren Sie sich für alte Erzählungen und Mythen?
Das ist ein langer Prozess: Ich bin zwar im Prinzip Künstler, aber als ich jung war, war mein Lebenswunsch, Direktor von einem Geschichtsmuseum zu werden. Insofern habe ich schon immer eine Affinität zur Geschichte gehabt. Ich bin in meiner Kindheit mit vielen alten Büchern aus der Zeit der Jahrhundertwende aufgewachsen, zum Beispiel dem *Bildersaal deutscher Geschichte.* In diesem Band mit ungeheuer vielen Gemäldereproduktionen als Stichen wurde Deutschland quasi „nacherfunden" mit einer Geschichte von den Germanen bis zu den deutschen Kaisern vor 1.000 Jahren, die als durchgehende Linie illustriert wurde. Diese Bilder haben mich als Kind sehr fasziniert und später inspiriert. Deswegen habe ich 2004 in Magdeburg eine Ausstellung zu diesem *Bildersaal* gezeigt. In diesem Zusammenhang ist auch

Vorlage für Moritz Götzes Kunstwerk war Anton Alexander von Werners Gemälde *Victoria* von 1880.

mein Bild *Wo die Sonne aufgeht* entstanden – als letztes Bild, das die Reichsgründung illustriert.

Sind historische Mythen auch heute noch aktuell?
Was mich interessiert, ist, wie man aus Geschichte lernen kann, wenn man erkennt, dass es immer Parallelen gibt, an denen man sieht, wie sich Entwicklungen ähneln.

Es gab ja schon vor der Reichsgründung eine Einigung, bei der die vielen deutschen Kleinstaaten zum Norddeutschen Bund verschmolzen. Damals gab es auch im Vorfeld einen wirtschaftlichen Zusammenschluss, der dann in die Reichsgründung mündete. Und ganz ähnlich verlief dann auch die Entwicklung innerhalb Europas: Wenn man in die 1950er Jahre zurückgeht, gab es erst die Römischen Verträge, dann die allmähliche Erweiterung der Europäischen Union, das Schengen-Abkommen und schließlich das gemeinsame Geld. Daran sieht man, dass es ein Prozess ist, der zu diesem Europa mit seiner eigenen Währung geführt hat.

Was man natürlich auch aus der Geschichte lernen kann, ist, dass es nichts gibt, was statisch ist. Auf das heutige Europa bezogen heißt das, dass man sich noch vor fünf Jahren ein Auseinanderbrechen der EU nicht hätte vorstellen können. Mittlerweile ist das allen vorstellbar.

Berliner Kindl
Football fever.

Franz-Josef Brüggemeier
SIEGREICHE FUSSBALLNATION –
DER MÜHSAME WEG
ZUM SOMMERMÄRCHEN
DEUTSCHLAND

SELBSTBEWUSSTE AUFTRITTE

Der Deutsche Fußball-Bund DFB zählt weltweit zu den erfolgreichsten Sportverbänden.

Vorherige Doppelseite: Deutsche Fans feiern am 20. Juni 2006 auf der Fanmeile in Berlin den Einzug der deutschen Fußball-Nationalmannschaft ins WM-Achtelfinale.

Bundeskanzlerin Angela Merkel und Bundespräsident Joachim Gauck jubeln am 13. Juli 2014 beim Sieg der deutschen Fußballnationalmannschaft im WM-Finale gegen Argentinien in Rio de Janeiro, Brasilien.

Die Nationalmannschaft der Männer wurde viermal Welt- sowie dreimal Europameister und bestritt zusätzlich weitere Halbfinal- und Finalspiele. Die Auswahl der Frauen ist noch erfolgreicher. Von den bisher ausgetragenen sieben Weltmeisterschaften gewann sie zwei. Zusätzlich errang sie acht Titel als Europameisterin, die letzten sechs in Folge. Nur der DFB kann Welt- und Europameistertitel sowohl mit Frauen- als auch Männermannschaften vorweisen.

Anders ausgedrückt: Die Mannschaften des DFB wissen, wie sie Siege erzielen können, und treten entsprechend selbstbewusst auf – im Gegensatz zur deutschen Fußballnation, der ein selbstbewusster Auftritt lange schwerfiel. Die Titelgewinne wurden gefeiert, oft auch lautstark. Doch unbefangener Überschwang oder gar nationale Ekstase kamen nicht so recht auf – bis zum Sommermärchen von 2006. Erst in diesem Jahr freuten sich (fast) alle Deutschen über die Erfolge der Mannschaft, zeigten eine unbeschwerte Begeisterung und feierten einen Sommer lang. Zum ersten Mal nach Ende des Zweiten Weltkriegs lebten sie wieder einen ausgeprägten Nationalstolz aus. Die durch den Fußball hervorgerufenen Gefühle erfuhren eine Überhöhung, die einen Mythos prägte: den Mythos der nationalen Bewährung im Sport. Ausländische Beobachter waren fasziniert, sprachen von einem neuen Deutschland und entwickelten zahlreiche Deutungen, um dieses Verhalten zu verstehen.

Das *Kicker*-Sonderheft vom Juli 1954 feiert den WM-Titel der deutschen Fußballnationalmannschaft als den größten Tag des deutschen Fußballs.

DAS KLISCHEE DER KAMPFMASCHINEN

Eine Deutung jedoch bemühten sie fast gar nicht: das Klischee der Kampfmaschinen, das den deutschen Fußball seit Jahrzehnten begleitet. Angesichts der zahlreichen Erfolge und eines offenkundigen Siegeswillens setzte sich das Bild von Maschinen oder gar Panzern durch, die nicht aufgeben und alles niederwalzen, was ihnen im Weg steht und dies nicht nur im Fußball. Das Klischee dient(e) vielmehr auch in anderen Bereichen dazu, zentrale Merkmale deutscher Geschichte und eines deutschen Nationalcharakters zu beschreiben, die im Fußball lediglich besonders gut zu erkennen seien.

Wir benötigen derartige Klischees, um die Vielfalt und Widersprüchlichkeit unserer Erlebnisse in einem ersten Zugriff zu ordnen. Sie erleichtern das Leben, treffen aber nicht unbedingt zu. Das gilt auch für das Bild von den Nationalspielern als Kampfmaschinen. Fraglos gab es Phasen, in denen sie vor allem von Kraft und Einsatzwillen lebten, rüde spielten und berühmt-berüchtigte Fouls begingen, um nur an Toni Schumachers Attacke auf Patrick Battiston zu erinnern. Doch auf die Titelgewinne treffen diese Merkmale nicht zu. Im Gegenteil: Die Titel errangen Mannschaften, die engagierten und modernen Fußball spielten, beginnend 1954 in Bern.

Dass die damalige Mannschaft attraktiven Fußball spielen konnte und schließlich das Endspiel gewann, kam überraschend, nicht nur weil die Ungarn schon

Der Ungar Ferenc Puskás (links) beim Torschuss im WM-Finale 1954, der Deutsche Werner Liebrich (rechts) in der Abwehr.

lange als sichere Weltmeister galten. Diese gewannen zudem das erste Spiel gegen die deutsche Mannschaft mit 8:3 und führten im Endspiel nach acht Minuten bereits 2:0. Spätestens jetzt schien alles entschieden. Doch die deutsche Mannschaft kam zurück. Sie erreichte den Ausgleich, erzielte wenige Minuten vor Abpfiff das entscheidende Tor und wurde Weltmeister.

Die Fachwelt war konsterniert. Was, so die italienische Zeitung *Il Tempo*, konnten Journalisten schreiben über Deutschland? „Da ist nur Verblüffung.“ Eine Erklärung musste her, und dazu boten sich die vertrauten Klischees an.

1949 beginnt Puma-Firmengründer Rudolf Dassler mit der Entwicklung neuartiger Fußballschuhe, die bei jedem Wetter und unterschiedlichsten Bodenverhältnissen überzeugen sollen. Die Stollen werden nicht mehr vernagelt, sondern an- und abgeschraubt. Ab 1952 beginnt die serienmäßige Produktion des Modells „Super Atom“.

Andere italienische Zeitungen erkannten bei den Deutschen „außergewöhnliche Kraft“ und einen „kolossalen Körperbau“. Die Spieler besäßen die Bereitschaft, um jeden Ball zu kämpfen, „die so typisch ist für ihre Rasse“. Sie würden ihre Aufgabe „auf militärische Art und Weise“ erfüllen und einem Trainer folgen, der von ihnen unablässigen Kampf forderte (*Il Popolo*, 7.7.1954; *La Stampa*, 6.7.1954), da er wüsste, dass sie „die Feinheiten einer Fußballkunst“ nicht beherrschten (*Il Nuovo Corriere*, 4.7.1954). Und der Londoner *Daily Express* hatte am Tag vor dem Endspiel an den „Blitzkrieg und die Panzermethoden der Deutschen“ erinnert.

FUSSBALL MODERNSTER PRÄGUNG

Doch derartige Berichte blieben eine Ausnahme. Denn die vertrauten Klischees genügten nicht, um den Verlauf des Spiels und den Erfolg der deutschen Mannschaft zu erklären. Dieser beruhte auf mehreren Faktoren, darunter eine „scheinbar unerschöpfliche Kraft“ (*The Times*, 5.7.1954) der deutschen Spieler, „ihre athletischen Fähigkeiten“ (*Le Figaro*, 5.7.1954) und eine „bemerkenswerte kämpferische Einstellung“ (*Le Monde*, 2.7.1954), ohne die – wie wir inzwischen wissen – Fußballturniere nicht gewonnen werden können. Doch der Sieg wurde nicht nur diesen Eigenschaften zugeschrieben. Andere Zeitungen betonten die Einstellung der deutschen Mannschaft, die sich geweigert habe, von der Siegesserie und der Spielkunst der Ungarn beeindruckt zu sein und ihnen das Spiel zu überlassen. Sie habe vielmehr dagegen gehalten und schon Ende der ersten Halbzeit die ungarische Mannschaft förmlich auseinandergenommen. Diese sei später völlig in Panik geraten, als Fritz Walter, wie der *Daily Express* kommentierte, seine „riesigen Stürmer zum Angriff führte“ (5.7.1954).

Etwas weniger martialisch formulierte die *Neue Zürcher Zeitung*: Bei den Angriffen der deutschen Mannschaft rolle „das Leder wie am Schnürchen gezogen von Mann zu Mann, seitwärts, rückwärts, gelegentlich auch steil in die Tiefe“ (8.7.1954). Das *Deutsche Sportecho* aus der DDR, das den Klassenfeind aus dem Westen ansonsten mit Argwohn betrachtete, ging noch einen Schritt weiter. Ihm zufolge spielte der deutsche „Angriff einen Fußball modernster Prägung“. Die Verteidiger hätten nicht nur konsequent gedeckt, sondern sich auch in den Angriff eingeschaltet. Und die Mannschaft habe „eine gelungene Demonstration zweckmäßigen Konditions-Fußballs nach allerhöchstem internationalen Maßstab“ dargeboten (5.7.1954).

„Die Menschen sagen, Fußball ist besser als Krieg. Da ist was dran.“
Marcel Reich-Ranicki, 1990

Diese Beschreibungen rufen unmittelbar Erinnerungen an die Weltmeisterschaft 2014 in Brasilien hervor, als die deutsche Mannschaft ebenfalls einhellig für ihren modernen und attraktiven Fußball gelobt wurde. Und sie treffen auch auf die Mannschaften zu, die 1974 und 1990 den Titel gewannen. Vielleicht besaßen sie einen größeren Mannschaftsgeist und Siegeswillen – Eigenschaften, die siegreichen deutschen Fußballmannschaften immer wieder zugeschrieben werden. Wer will, kann darin Kampfstärke sehen und das alte Klischee wiederbeleben. Doch diese Eigenschaften sind keine deutsche Besonderheit. Sie sind vielmehr unabdingbare Voraussetzung, um bei Titelkämpfen zu bestehen, und finden sich weltweit bei allen erfolgreichen Mannschaften.

FUSSBALL UND MILITÄR

Ebenfalls keine deutsche Besonderheit sind Bezeichnungen wie Stürmer, Verteidiger oder Angreifer. Es ist ein beliebtes Argument, auf eine militärische Bedeutung dieser Wörter zu verweisen und zusätzlich zu betonen, dass der Fußball um 1890 in der militaristischen Gesellschaft des Kaiserreichs seinen Siegeszug begann. Doch auch hier führt Plausibilität in die Irre, denn dieselben Worte – und dies zudem

mit derselben Bedeutung – werden in den unterschiedlichsten Ländern und Kulturen verwendet: defense, attack oder striker im Englischen; attaque, offensive und défenseur im Französischen; delantero, defensor, ofensiva im Spanischen; attacante, offesa oder difensore im Italienischen, qiánfēng, biànhùrén oder jìngōng im Chinesischen usw.

Zudem fanden diese Worte in den verschiedenen Sprachen traditionell nicht nur im Militär, sondern in den unterschiedlichsten Zusammenhängen Verwendung, wenn es um Wettbewerbe, um Sieg und Niederlage und generell um Auseinandersetzungen geht, bei denen einzelne Personen oder Mannschaften sich gegeneinander durchsetzen wollen. Dieser Wettkampf kann zu drastischen Formulierungen führen. So versprach Julian Draxler vor dem Endspiel am 13. Juli 2014 in Brasilien: „Wir sind auf jeden Fall bereit, für den Titel zu sterben." Vermutlich machte sich der 20-jährige Nationalspieler keine Gedanken darüber, was er sagte.

Oben: Karikaturist Jürgen Janson kommentiert die Berichterstattung nach dem 7:1-Sieg Deutschlands im WM-Halbfinale am 8. Juli 2014 gegen das Gastgeberland Brasilien.
Unten: Dicht gedrängt stehen die Zuschauer bei der Übertragung der Fußball-WM 1954 vor den Schaufenstern der Fernsehgeschäfte.

DAS WUNDER VON BERN

Das Endspiel von 1954 verfolgte die ganze Nation, sei es an den wenigen privaten Fernsehern oder vor Rundfunkgeschäften, in Kinos und vor allem am Radio. Nach dem Abpfiff brach allgemeiner Jubel los, und als die Mannschaft am Tag darauf mit dem Zug heimkehrte, erlebte sie entlang der Strecke einen begeisterten, ja überschwänglichen Empfang. Wer heute die Bilder davon sieht, fühlt sich unweigerlich an das Sommermärchen 2006 erinnert, als ebenfalls weite Teile der Bevölkerung die Spiele gebannt verfolgten, intensive Gefühle teilten und es genossen, zu einer großen Gemeinschaft zu gehören. Doch tatsächlich fand 1954 kein Sommermärchen statt. Dazu waren der Zweite Weltkrieg und Hitlers Herrschaft noch zu präsent und ließen keine unbefangenen Gemeinschaftserlebnisse zu. Stattdessen fand sich eine Unsicherheit, wie man den Titelgewinn feiern sollte und wie die damit verbundene Begeisterung zu deuten war.

Die Auseinandersetzung mit dem Nationalsozialismus verlief in den 1950er Jahren noch zögerlich. Verdrängen und Leugnen dieser Zeit und selbst der Verbrechen waren verbreitet. Doch sie ließen sich nicht einfach beiseiteschieben, sondern waren präsent, auch in der Sorge vor überschäumenden Nationalgefühlen. Diese Sorge war nach dem Titelgewinn verständlich, erwies sich bald aber als überflüssig. Die Begeisterung brach rasch ab, beginnend mit den Zeitungen. Die *Süddeutsche Zeitung* ging am Tag nach dem Endspiel mit ihrer Titelseite darauf ein, berichtete anschließend aber kaum darüber – abgesehen von einem kurzen Hinweis auf den Empfang in München, zu dem sich immerhin etwa 500.000 Personen eingefunden hatten. Selbst die *Bild*-Zeitung hat sich mit diesen Themen nicht weiter befasst, auch wenn sie als erste vom „Wunder von Bern“ sprach. Ohnehin blieben die Artikel auf die engere Berichterstattung der Ereignisse konzentriert. Beiträge hingegen, die hiervon ausgehend die Frage der nationalen Identität erörterten, auf andere Weise den Ereignissen eine größere Bedeutung zuwiesen oder sie gar als Gründungsdatum des neuen Staats bezeichneten, waren nicht zu finden.

Daran änderte sich in den folgenden Jahren wenig. Diese Beobachtung trifft auch auf die Titelgewinne von 1974 und 1990 zu. Beide Male erzeugten die Siege große Begeisterung, die etwas länger anhielt als 1954, aber ebenfalls wieder abebbte und weder nationale Botschaften transportierte noch entsprechende Diskussionen begründete. Diese entstanden erst in den 1990er Jahren, gefördert durch zahlreiche Publikationen, Dokumentationen und 2003 den populären Spielfilm *Das Wunder von Bern*. Dieser Film inszeniert nicht nur die Geschichte vom unerwarteten Sieg der deutschen Fußballhelden, sondern behandelt auch den Alltag in der frühen Nachkriegszeit. Er stellt die Schwierigkeiten von alleinerziehenden Müttern und von Vätern dar, die aus dem Krieg in ihre Familien heimkehrten. Zugleich greift er wichtige Themen der frühen Bundesrepublik und ihrer Rückkehr in die europäische Staatenwelt auf und bietet eine Verarbeitung deutscher Nachkriegsgeschichte in einer publikumswirksamen mythischen Erzählung.

Der Film von Regisseur Sönke Wortmann stellt neben der Geschichte der Fußball-WM 1954 vor allem ein spannungsvolles Vater-Sohn-Verhältnis in den Mittelpunkt.

„Nichts in Deutschland lässt so viele Fahnen flattern und Herzen höherschlagen wie das Runde, das ins Eckige muss. Das gilt besonders dann, wenn die deutsche Mannschaft auf dem Spielfeld ist. König Fußball könnte sagen, wie einst der letzte Kaiser: Ich kenne keine Parteien mehr, ich kenne nur noch Deutsche. Dann ist die Nation einig wie nie, das ‚Wir‘ geht leicht von den Lippen.“
Michael Stürmer, Historiker und Publizist, 2010

DAS SOMMERMÄRCHEN

Ganz anders das Sommermärchen von 2006 und die ausgelassene Stimmung, die sich danach bei jeder Europa- und Weltmeisterschaft wiederholte. Von Anfang an bekannten sich die Deutschen unbeschwert zu ihren Nationalgefühlen und zeigten nach 60 Jahren der Zurückhaltung wieder unbefangen nationalen Stolz. Seitdem feiern große Teile der Bevölkerung ihre Nationalmannschaft – und sich selbst. Sie zeigen sich offen und sympathisch, genießen es, Teil einer intensiv erlebten Gemeinschaft zu sein, die zugleich andere einlädt, mitzumachen. Überall sind deutsche Fahnen zu sehen, große und kleine, verzierte Autospiegel oder angemalte Gesichter. Doch eine chauvinistische Stimmung ist nicht zu erkennen und auch die Nationalhymne spielt keine Rolle mehr. Erstmals in der deutschen Fußballgeschichte bekennen sich auch viele Deutsche mit Migrationshintergrund und in Deutschland lebende Ausländer zur Nation Deutschland. Von einem Kampf kann hier keine Rede mehr sein. Wenn überhaupt besteht die Bewährungsprobe in der Herausforderung (und Hoffnung), bei der nächsten Endrunde ebenso intensiv zu feiern und erneut das unbefangene Selbstbewusstsein zu zeigen, das die Nationalmannschaften schon lange besitzen.

Ein Waschmittelhersteller nutzt 2006 das Wiederaufleuchten der Nationalfarben zur Vermarktung des eigenen Produkts. Werbung greift den neu erwachten Patriotismus auf und nutzt das positive Image der Nationalspieler, um Produkte erfolgreich zu verkaufen.

Peter Paul Schwarz

„Ausrüstung" für Fußballer

Rüstung und Fußball – eine nur auf den ersten Blick überraschende Verbindung. Mit einer martialischen Inszenierung deutscher Nationalspieler warb der Sportartikelhersteller Adidas 2014 für seine neue Schuhkollektion *Battle Pack*, die einen Monat vor Beginn der Fußballweltmeisterschaft in Brasilien auf den Markt gebracht wurde. Der Werbespot *Battle Pack – we are ready for battle* verrät dabei zugleich einiges über die gesellschaftliche Funktion von Fußball in der Gegenwart.

Die Bundesrepublik ist ein Fußballland. 50 Millionen Menschen in Deutschland interessieren sich für Fußball, mehr als für jede andere Sportart. Die Deutschen identifizieren sich mit ihrer Nationalmannschaft. Wenn sie spielt, rückt die Nation zusammen, fühlt mit ihr und hält den Atem an. In dieser Atmosphäre sind die Sommermärchen von 2006 und 2014 entstanden, werden Fußballer zu nationalen Heroen. Einen solchen Helden verkörpert im Werbespot der Fußballstar Mesut Özil. Ein Ritter reitet auf einem prachtvollen Pferd mit einer klassischen Ritterrüstung samt Helm und Panzer, schwenkt die Deutschlandfahne in der Hand und ruft seine Männer zum Kampf. Auf diese Weise wird die Fußballweltmeisterschaft als Bewährungsprobe der Nation inszeniert. Der Spot ist auf den Charakter der „Battle Pack"-Schuhe abgestimmt, deren Design sich an die „Kriegsbemalung eingeborener Krieger" anlehnt, wie der Weltfußballverband FIFA auf seiner Homepage zur WM 2014 hervorhebt. Neben Özil treten auch die Nationalspieler Thomas Müller, Bastian Schweinsteiger und Manuel Neuer als „Krieger" auf. Fußball erscheint als eine Art „Kampfeinsatz". Befeuert wird diese Deutung von Schweinsteiger, der in einem Interview über die Dreharbeiten des Spots sagt: „Wir müssen auf jeden Fall wie Krieger auftreten, wenn wir etwas gewinnen wollen!" Die Adidas-Werbung vermittelt das Gefühl, dass jeder Einzelne an dieser nationalen Bewährungsprobe teilnehmen kann. Die Sportschuhe sind das Ticket zum großen Gemein-

Helm aus der Adidas-Werbung *Battle Pack*.

schaftserlebnis: Wir sind bereit für die Fußballschlacht! – „We are ready for battle!"

Die Begeisterung für die Nationalmannschaft erreicht Jung und Alt. Ihre Popularität macht sie hoch attraktiv für die Werbeindustrie, die ihrerseits zur weiteren Popularisierung des Fußballsports beiträgt. Durch die intensive Vermarktung ist die deutsche Nationalelf, wie ihr Manager Oliver Bierhoff betont, selbst zu einer „starken Marke", ja zur „Premiummarke des DFB" geworden. Einzelne Nationalspieler haben als Werbebotschafter nicht selten einen Millionenwert. Ein entscheidendes Tor kann so zum sprichwörtlichen „goldenen Schuss" werden – ein WM-Sieg erst recht. Auch als Unterhaltungsthema wird Fußball immer präsenter. Die Kinofilme *Der ganz große Traum* (2011) und insbesondere *Das Wunder von Bern* (2003) sind hierfür herausragende Beispiele. Der Adidas-Spot veranschaulicht, wie Vermarktungs- und Unterhaltungsabsichten auf innovative Weise verschmelzen. Daher war der Film für seine Ästhetik 2015 beim wichtigsten Wettbewerb für deutschsprachige Werbe- und PR-Filme, „Die Klappe", in der engeren Wahl für eine Auszeichnung. Werbung und Medien sind wichtige Kommunikationswege für den Mythos Fußball. Durch sie werden die sportlichen Erfolge im Gedächtnis der Deutschen verankert.

Włodzimierz Borodziej

MYTHEN FÜR EUROPA? EINE LEERSTELLE

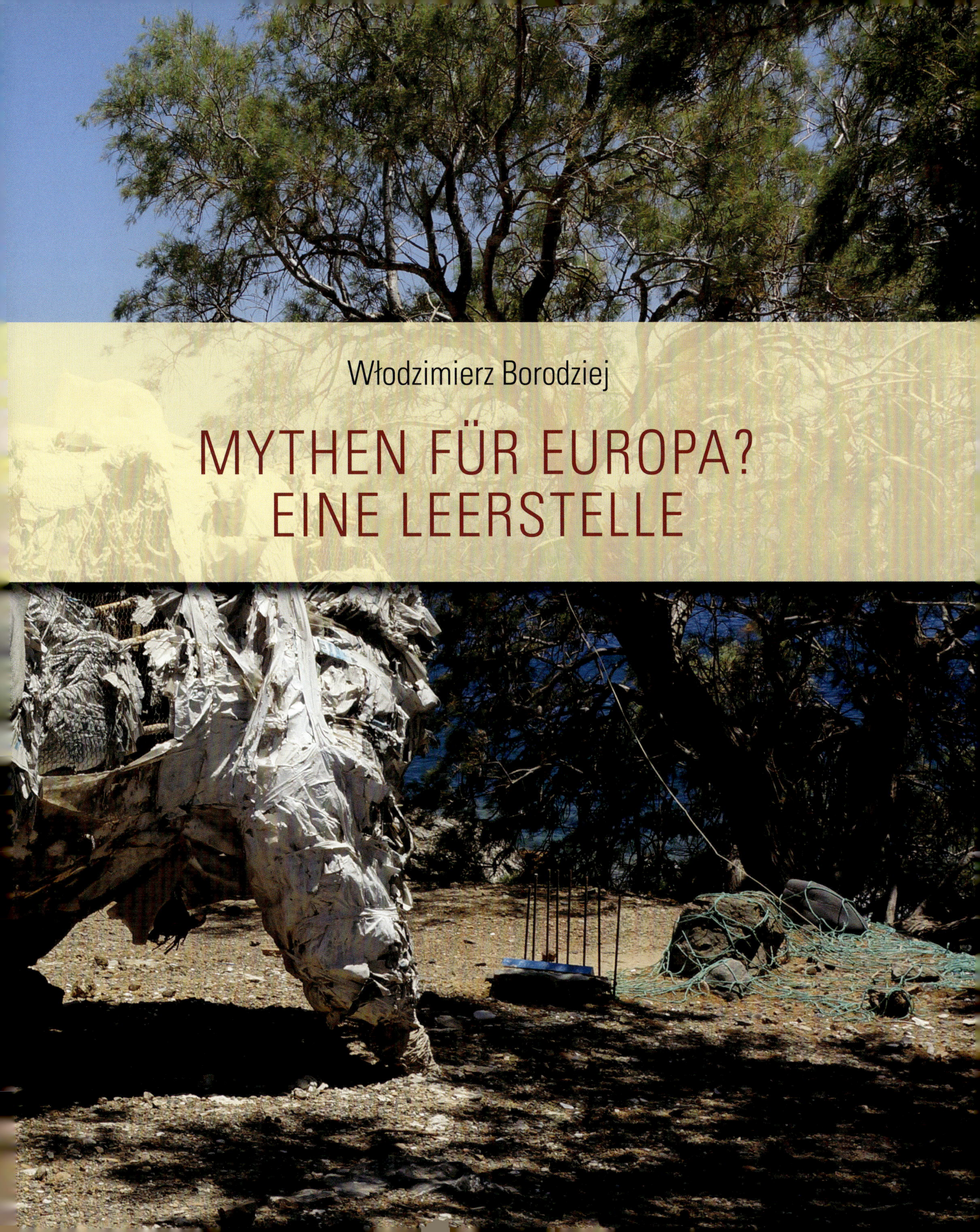

DEUTSCHLAND ALS SONDERFALL

Auf den ersten Blick scheint Deutschland mindestens in zweifacher Hinsicht ein europäischer Sonderfall zu sein.

Vorherige Doppelseite: Die Europa-Skulptur von Piero Meogrossi in Lentas auf Kreta ist ganz der Witterung preisgegeben.

Michael Jastrams Skulptur *Europa und der Stier* zeigt einen sehr massiven und unbeweglichen Stier; die Bronzearbeit ist seit 2010 im Besitz der Kunstsammlung des Deutschen Bundestags.

Nehmen wir die Jahrestage: Statt des 11. November, an dem in Großbritannien, Belgien und Frankreich dem Ende des Ersten Weltkriegs gedacht und in Polen die Unabhängigkeit gefeiert wird, steht der 9. dieses Monats als wichtigstes Datum im geschichtskulturellen Kalender der Bundesrepublik. Hingegen wird am 27. Januar wohl intensiver als anderswo in Europa des Holocaust gedacht. Der 8. Mai fungiert als Symbol der Befreiung durch Niederlage und Zusammenbruch des eigenen Staats – eine Konstellation, die sich aus gut verständlichen Gründen weder im Osten noch im Westen wiederholen kann.

Auf den zweiten Blick ist Deutschland ein zwar keineswegs mythenfreies Land, sondern vielmehr ein Beispiel dafür, dass man eine nationale Erinnerungskultur als bewussten Gegensatz zu den einst selbstverständlichen Bildern von eigener Größe und der Überlegenheit gegenüber (fast allen) anderen konstruieren und durchsetzen kann.

Verfolgen wir diesen Gedankengang weiter – woran wollen wir den vermeintlichen Sonderfall eigentlich messen? –, stoßen wir zwangsläufig auf die Frage nach einer europäischen Norm für Mythen. An dieser Stelle reduziert sich die Überzeugung von einem deutschen Sonderweg rasch auf den Verdacht, er sei nicht mehr als einer von vielen Pfaden. Es gibt nämlich auf diesem Kontinent nur Sonderwege, und die instinktiv erhoffte transnationale Norm ist höchstens – je nach Standpunkt als Hoffnung oder als Schreckensbild – auf einem weit entfernten Horizont erkennbar.

EUROPÄISCHE MYTHEN IN DER GESCHICHTE

Ein Blick auf die im Zusammenhang mit europäischen Mythen und Erinnerungsorten am häufigsten bemühten Bilder zeigt rasch, wie klein beziehungsweise leer diese Schatzkammer ist.

Die entführte Königstochter Europa und der als Stier verkleidete Zeus? Ganz abgesehen davon, dass die Jungfer ursprünglich nur einen winzigen Teil des Kontinents verkörperte, weil fast der gesamte „Rest“ den Griechen unbekannt war, erklärt es nichts und symbolisiert ebenso wenig. Es gibt daher auch kaum Verwendungen.

Die Werbeagentur Scholz & Friends wirbt 1996 mit einer attraktiven Europa für die Interessen der deutschen Banken.

Links: Karl der Große (747–814) – er erhielt als erster westeuropäischer Herrscher die Kaiserwürde. Rechts: Kaiser Napoleon Bonaparte (1769–1821) – sein Mythos ist stetig im Wandel.

Immerhin versuchte eine einfallsreiche Werbeagentur 1996, den Deutschen mithilfe einer sexy aussehenden „Europa-Mutter" den Euro schmackhaft zu machen.

Karl der Große beziehungsweise Charlemagne? Sein Reich endete im Osten mitten im heutigen Deutschland, im Westen ein kleines Stück hinter den Pyrenäen, im Süden unweit von Rom. Den sechs Mitgliedern der Montanunion mochte diese Erinnerung 1951 eine gewissermaßen prähistorische, symbolische Begründung ihrer aus ganz anderen, aktuellen Erfahrungen resultierenden Entscheidung bieten. Für alle anderen Europäer ist dieser Bezugspunkt ähnlich irrelevant wie der römische Limes.

Schauen wir weiter nach Osten. Die „Slawenapostel" Kyrill und Method, Byzanz und die Kiewer Rus? Außerhalb der slawischen Welt würden sich so ziemlich alle schwer tun, diese Namen auf ihrer mentalen Landkarte zu verorten. Karl V. und die auf ihn folgenden Habsburger sind ebenso wenig brauchbar wie Ludwig XIV. oder der britische Feldherr Oliver Cromwell. Und dann kommen die Aufklärung und Napoleon. Im ersten Fall handelt es sich um ein emotional kaltes Erbe, das den Weg in alle – ebenso kalten – europäischen Verfassungen gefunden hat. Dennoch interessieren Voltaire oder Rousseau als Wegbereiter der Aufklärung im 18. Jahrhundert heute vermutlich viel weniger Menschen als Mozart und Beethoven, die wiederum wegen ihrer Universalität für eine Mythenkammer nicht taugen. Kunst folgt anderen Regeln und produziert individuelle, nicht aber kollektive Gefühle.

Im Fall von Napoleon Bonaparte gibt es wenigstens Reste von Emotionen, gegensätzlich besetzt in Frankreich, Spanien und Polen. Aber was sollte das Europa des 21. Jahrhunderts mit einem überaus erfolgreichen französischen Kriegsherrn anfangen, der fast den ganzen Kontinent einem Staat unterzuordnen vermochte? Ebenso wenig tauglich scheint die Antwort auf des Kaisers Kriege, nämlich der Wiener Kongress 1814/15. Immerhin wird ihm allgemein – wenngleich nicht ganz richtig – attestiert, ein Jahrhundert des Friedens gesichert zu haben. Dass dabei Deutsche, Italiener, Polen, Ungarn und einige mehr als potenzielle Staatsnationen leer ausgingen, reduziert das Gewicht dieses Symbols auf die machtpolitische Komponente. So sehr die heutigen Europäer Sicherheit schätzen, so wenig möchten sie heute als Untertanen einer neuen Heiligen Allianz leben.

EUROPÄISCHE MYTHEN IN DER MODERNE

Auch in den folgenden Jahrzehnten werden keine bis heute wirksamen Mythen sichtbar. Selbst der Völkerfrühling 1848 hat sich nicht wirklich durchsetzen können, obwohl er durchaus das Potenzial dafür gehabt hätte, da aus ihm drei geschichtsmächtige Narrative entstanden sind. Der Liberalismus sollte in den meisten Ländern Europas bald zu einer zweitrangigen, wenngleich im Hintergrund prägenden Kraft schrumpfen; eine wirkliche Internationale der Liberalen ist nie entstanden. Mehreren solcher Internationalen verhalf hingegen Karl Marx zur Geburt: Der Mythos von Gleichheit und sozialer Gerechtigkeit prägte unseren Kontinent bis in die 1960er Jahre hinein. Seine Bloßstellung durch den Staatssozialismus hat er freilich nicht überlebt. Ganz anders erging es dem dritten Kind der Revolution von 1848, dem Nationalismus. Er setzte sich nach und nach in Gestalt von Nationalstaaten durch. Nur stehen die Grundlagen seines Selbstverständnisses quer zur Idee einer mythischen Schatzkammer Europas: Ziel ist nicht Gemeinsamkeit, sondern stets Abgrenzung, im geografischen wie im mentalen Sinne.

Ein vierter potenzieller europäischer Mythos ist eigentlich erst in den letzten Dekaden zerstört worden: der Kolonialismus. Unser kleiner Kontinent – nicht viel mehr als ein Blinddarm von Asien – breitete sich in beiden Amerikas aus, in Asien und in Afrika. Europa zeigte überall seine Überlegenheit. Das multinationale Großunternehmen barg von Beginn an einen mythischen Kern in sich: Nur in der Minderheit der Fälle brachte es Gewinn für die expandierenden Staaten, mehrheitlich blieb es ein strukturelles Zuschussgeschäft. Dennoch mochte die Überlegenheit der Europäer um 1900 wirklich imponieren – und als Bestätigung einer besonderen Rolle des alten Kontinents gegenüber anderen für die Ewigkeit programmiert sein.

Sechzig Jahre und zwei Weltkriege später waren nur noch anachronistische Reste dieser Konstellation übrig geblieben. Der Mythos der europäischen weltweiten Sendung scheiterte aber nicht nur an realgeschichtlichen Prozessen. Den Todesstoß versetzten ihm die in den letzten Jahrzehnten publik gewordenen Begleitumstände: Seitdem die Verbrechen zum Beispiel im belgischen Kongo mit Fug und Recht als Völkermord bezeichnet werden, ist auch diese Geschichte aus der Mythenkammer verbannt worden.

Im 20. Jahrhundert sind es der Krieg und eben der Völkermord, die als negative Bezugspunkte in die europäische Ideenwelt Einzug gefunden haben. „Nie wie-

Das Plakat erschien im Jahr 1953 anlässlich des 70. Todestags von Karl Marx in der DDR.

Am 27. Januar 2015 findet die Gedenkfeier zum 70. Jahrestag der Befreiung des Konzentrationslagers Auschwitz mit zahlreichen Ehrengästen aus aller Welt statt.

der Krieg“ lautete jahrzehntelang die Parole auf den antiamerikanischen Demonstrationen in den europäischen NATO-Ländern wie auf staatlich organisierten Protestkundgebungen östlich des Eisernen Vorhangs. Hingegen blieb „Nie wieder Auschwitz“ anfangs eine westdeutsche Spezialität, die sich mit der Einrichtung eines europäischen Gedenktags für den Holocaust im Jahr 2000 am bereits erwähnten 27. Januar langsam in Europa fortzupflanzen begann. Der vom „neuen“, postkommunistischen Europa durchgesetzte EU-Gedenktag an den Totalitarismus am 23. August wird es vermutlich ebenso schwer haben. Hoffentlich ergeht es ihm nicht so, wie dem 1964 zum „Europatag“ erkorenen 5. Mai – nach 50 Jahren kann sich kaum jemand an dieses einstige Flaggschiff europäischer Identität erinnern.

Damit sind wir bei der Frage nach dem Verhältnis zwischen Europäischer Union und Mythenbildung angekommen. Die eine bezieht sich auf die Tradition: Europa hat sich – wenn überhaupt – stets gegen eine auswärtige Bedrohung konstituiert. Dabei spielte der Islam, später das Reich der Osmanen eine herausragende Rolle.

CHARTA DER GRUNDRECHTE DER EUROPÄISCHEN UNION

Die Völker Europas sind entschlossen, auf der Grundlage gemeinsamer Werte eine friedliche Zukunft zu teilen, indem sie sich zu einer immer engeren Union verbinden. In dem Bewusstsein ihres geistig-religiösen und sittlichen Erbes gründet sich die Union auf die unteilbaren und universellen Werte der Würde des Menschen, der Freiheit, der Gleichheit und der Solidarität. Sie beruht auf den Grundsätzen der Demokratie und der Rechtsstaatlichkeit. Sie stellt den Menschen in den Mittelpunkt ihres Handelns, indem sie die Unionsbürgerschaft und einen Raum der Freiheit, der Sicherheit und des Rechts begründet. Die Union trägt zur Erhaltung und zur Entwicklung dieser gemeinsamen Werte unter Achtung der Vielfalt der Kulturen und Traditionen der Völker Europas sowie der nationalen Identität der Mitgliedstaaten und der Organisation ihrer staatlichen Gewalt auf nationaler, regionaler und lokaler Ebene bei. Sie ist bestrebt, eine ausgewogene und nachhaltige Entwicklung zu fördern und stellt den freien Personen-, Dienstleistungs-, Waren- und Kapitalverkehr sowie die Niederlassungsfreiheit sicher. Zu diesem Zweck ist es notwendig, angesichts der Weiterentwicklung der Gesellschaft, des sozialen Fortschritts und der wissenschaftlichen und technologischen Entwicklungen den Schutz der Grundrechte zu stärken, indem sie in einer Charta sichtbarer gemacht werden. Diese Charta bekräftigt unter Achtung der Zuständigkeiten und Aufgaben der Union und des Subsidiaritätsprinzips die Rechte, die sich vor allem aus den gemeinsamen Verfassungstraditionen und den gemeinsamen internationalen Verpflichtungen der Mitgliedstaaten, aus der Europäischen Konvention zum Schutz der Menschenrechte und Grundfreiheiten, aus den von der Union und dem Europarat beschlossenen Sozialchartas sowie aus der Rechtsprechung des Gerichtshofs der Europäischen Union und des Europäischen Gerichtshofs für Menschenrechte ergeben. In diesem Zusammenhang erfolgt die Auslegung der Charta durch die Gerichte der Union und der Mitgliedstaaten unter gebührender Berücksichtigung der Erläuterungen, die unter der Leitung des Präsidiums des Konvents zur Ausarbeitung der Charta formuliert und unter der Verantwortung des Präsidiums des Europäischen Konvents aktualisiert wurden. Die Ausübung dieser Rechte ist mit Verantwortung und mit Pflichten sowohl gegenüber den Mitmenschen als auch gegenüber der menschlichen Gemeinschaft und den künftigen Generationen verbunden. Daher erkennt die Union die nachstehend aufgeführten Rechte, Freiheiten und Grundsätze an.

TITEL I / WÜRDE DES MENSCHEN

Artikel 1 Würde des Menschen

Die Würde des Menschen ist unantastbar. Sie ist zu achten und zu schützen.

Artikel 2 Recht auf Leben

1. Jeder Mensch hat das Recht auf Leben.
2. Niemand darf zur Todesstrafe verurteilt oder hingerichtet werden.

Artikel 3 Recht auf Unversehrtheit

1. Jeder Mensch hat das Recht auf körperliche und geistige Unversehrtheit.
2. Im Rahmen der Medizin und der Biologie muss insbesondere Folgendes beachtet werden:

a) die freie Einwilligung des Betroffenen nach vorheriger Aufklärung entsprechend den gesetzlich festgelegten Einzelheiten,

b) das Verbot eugenischer Praktiken, insbesondere derjenigen, welche die Selektion von Menschen zum Ziel haben,

c) das Verbot, den menschlichen Körper und Teile davon als solche zur Erzielung von Gewinnen zu nutzen,

d) das Verbot des reproduktiven Klonens von Menschen.

Artikel 4 Verbot der Folter und unmenschlicher oder erniedrigender Strafe oder Behandlung

Niemand darf der Folter oder unmenschlicher oder erniedrigender Strafe oder Behandlung unterworfen werden.

Artikel 5 Verbot der Sklaverei und der Zwangsarbeit

1. Niemand darf in Sklaverei oder Leibeigenschaft gehalten werden.
2. Niemand darf gezwungen werden, Zwangs- oder Pflichtarbeit zu verrichten.
3. Menschenhandel ist verboten.

TITEL II / FREIHEITEN

Artikel 6 Recht auf Freiheit und Sicherheit

Jeder Mensch hat das Recht auf Freiheit und Sicherheit.

Artikel 7 Achtung des Privat- und Familienlebens

Jede Person hat das Recht auf Achtung ihres Privat- und Familienlebens, ihrer Wohnung sowie ihrer Kommunikation.

Artikel 8 Schutz personenbezogener Daten

1. Jede Person hat das Recht auf Schutz der sie betreffenden personenbezogenen Daten.
2. Diese Daten dürfen nur nach Treu und Glauben für festgelegte Zwecke und mit Einwilligung der betroffenen Person oder auf einer sonstigen gesetzlich geregelten legitimen Grundlage verarbeitet werden. Jede Person hat das Recht, Auskunft über die sie betreffenden erhobenen Daten zu erhalten und die Berichtigung der Daten zu erwirken.
3. Die Einhaltung dieser Vorschriften wird von einer unabhängigen Stelle überwacht.

Artikel 9 Recht, eine Ehe einzugehen und eine Familie zu gründen

Das Recht, eine Ehe einzugehen, und das Recht, eine Familie zu gründen, werden nach den einzelstaatlichen Gesetzen gewährleistet, welche die Ausübung dieser Rechte regeln.

Artikel 10 Gedanken-, Gewissens- und Religionsfreiheit

1. Jede Person hat das Recht auf Gedanken-, Gewissens- und Religionsfreiheit. Dieses Recht umfasst die Freiheit, die Religion oder Weltanschauung zu wechseln, und die Freiheit, seine Religion oder Weltanschauung einzeln oder gemeinsam mit anderen öffentlich oder privat durch Gottesdienst, Unterricht, Bräuche und Riten zu bekennen.
2. Das Recht auf Wehrdienstverweigerung aus Gewissensgründen wird nach den einzelstaatlichen Gesetzen anerkannt, welche die Ausübung dieses Rechts regeln.

Artikel 11 Freiheit der Meinungsäußerung und Informationsfreiheit

1. Jede Person hat das Recht auf freie Meinungsäußerung. Dieses Recht schließt die Meinungsfreiheit und die Freiheit ein, Informationen und Ideen ohne behördliche Eingriffe und ohne Rücksicht auf Staatsgrenzen zu empfangen und weiterzugeben.
2. Die Freiheit der Medien und ihre Pluralität werden geachtet.

Artikel 12 Versammlungs- und Vereinigungsfreiheit

1. Jede Person hat das Recht, sich insbesondere im politischen, gewerkschaftlichen und zivilgesellschaftlichen Bereich auf allen Ebenen frei und friedlich mit anderen zu versammeln und frei mit anderen zusammenzuschließen, was das Recht jeder Person umfasst, zum Schutz ihrer Interessen Gewerkschaften zu gründen und Gewerkschaften beizutreten.
2. Politische Parteien auf der Ebene der Union tragen dazu bei, den politischen Willen der Unionsbürgerinnen und Unionsbürger zum Ausdruck zu bringen.

Artikel 13 Freiheit der Kunst und der Wissenschaft

Kunst und Forschung sind frei. Die akademische Freiheit wird geachtet.

Artikel 14 Recht auf Bildung

1. Jede Person hat das Recht auf Bildung sowie auf Zugang zur beruflichen Ausbildung und Weiterbildung.
2. Dieses Recht umfasst die Möglichkeit, unentgeltlich am Pflichtschulunterricht teilzunehmen.
3. Die Freiheit zur Gründung von Lehranstalten unter Achtung der demokratischen Grundsätze sowie das Recht der Eltern, die Erziehung und den Unterricht ihrer Kinder entsprechend ihren eigenen religiösen, weltanschaulichen und erzieherischen Überzeugungen sicherzustellen, werden nach den einzelstaatlichen Gesetzen geachtet, welche ihre Ausübung regeln.

Artikel 15 Berufsfreiheit und Recht zu arbeiten

1. Jede Person hat das Recht, zu arbeiten und einen frei gewählten oder angenommenen Beruf auszuüben.
2. Alle Unionsbürgerinnen und Unionsbürger haben die Freiheit, in jedem Mitgliedstaat Arbeit zu suchen, zu arbeiten, sich niederzulassen oder Dienstleistungen zu erbringen.
3. Die Staatsangehörigen dritter Länder, die im Hoheitsgebiet der Mitgliedstaaten arbeiten dürfen, haben Anspruch auf Arbeitsbedingungen, die denen der Unionsbürgerinnen und Unionsbürger entsprechen.

Artikel 16 Unternehmerische Freiheit

Die unternehmerische Freiheit wird nach dem Unionsrecht und den einzelstaatlichen Rechtsvorschriften und Gepflogenheiten anerkannt.

Artikel 17 Eigentumsrecht

1. Jede Person hat das Recht, ihr rechtmäßig erworbenes Eigentum zu besitzen, zu nutzen, darüber zu verfügen und es zu vererben. Niemandem darf sein Eigentum entzogen werden, es sei denn aus Gründen des öffentlichen Interesses in den Fällen und unter den Bedingungen, die in einem Gesetz vorgesehen sind, sowie gegen eine rechtzeitige angemessene Entschädigung für den Verlust des Eigentums. Die Nutzung des Eigentums kann gesetzlich geregelt werden, soweit dies für das Wohl der Allgemeinheit erforderlich ist.
2. Geistiges Eigentum wird geschützt.

Artikel 18 Asylrecht

Das Recht auf Asyl wird nach Maßgabe des Genfer Abkommens vom 28. Juli 1951 und des Protokolls vom 31. Januar 1967 über die Rechtsstellung der Flüchtlinge sowie nach Maßgabe des Vertrags über die Europäische Union und des Vertrags über die Arbeitsweise der Europäischen Union (im Folgenden „die Verträge") gewährleistet.

Artikel 19 Schutz bei Abschiebung, Ausweisung und Auslieferung

1. Kollektivausweisungen sind nicht zulässig.
2. Niemand darf in einen Staat abgeschoben oder ausgewiesen oder an einen Staat ausgeliefert werden, in dem für sie oder ihn das ernsthafte Risiko der Todesstrafe, der Folter oder einer anderen unmenschlichen oder erniedrigenden Strafe oder Behandlung besteht.

TITEL III / GLEICHHEIT

Artikel 20 Gleichheit vor dem Gesetz

Alle Personen sind vor dem Gesetz gleich.

Artikel 21 Nichtdiskriminierung

1. Diskriminierungen insbesondere wegen des Geschlechts, der Rasse, der Hautfarbe, der ethnischen oder sozialen Herkunft, der genetischen Merkmale, der Sprache, der Religion oder der Weltanschauung, der politischen oder sonstigen Anschauung, der Zugehörigkeit zu einer nationalen Minderheit, des Vermögens, der Geburt, einer Behinderung, des Alters oder der sexuellen Ausrichtung sind verboten.
2. Unbeschadet besonderer Bestimmungen der Verträge ist in ihrem Anwendungsbereich jede Diskriminierung aus Gründen der Staatsangehörigkeit verboten.

Artikel 22 Vielfalt der Kulturen, Religionen und Sprachen

Die Union achtet die Vielfalt der Kulturen, Religionen und Sprachen.

Artikel 23 Gleichheit von Frauen und Männern

Die Gleichheit von Frauen und Männern ist in allen Bereichen, einschließlich der Beschäftigung, der Arbeit und des Arbeitsentgelts, sicherzustellen.

Der Grundsatz der Gleichheit steht der Beibehaltung oder der Einführung spezifischer Vergünstigungen für das unterrepräsentierte Geschlecht nicht entgegen.

Artikel 24 Rechte des Kindes

1. Kinder haben Anspruch auf den Schutz und die Fürsorge, die für ihr Wohlergehen notwendig sind. Sie können ihre Meinung frei äußern. Ihre Meinung wird in den Angelegenheiten, die sie betreffen, in einer ihrem Alter und ihrem Reifegrad entsprechenden Weise berücksichtigt.
2. Bei allen Kinder betreffenden Maßnahmen öffentlicher Stellen oder privater Einrichtungen muss das Wohl des Kindes eine vorrangige Erwägung sein.
3. Jedes Kind hat Anspruch auf regelmäßige persönliche Beziehungen und direkte Kontakte zu beiden Elternteilen, es sei denn, dies steht seinem Wohl entgegen.

Artikel 25 Rechte älterer Menschen

Die Union anerkennt und achtet das Recht älterer Menschen auf ein würdiges und unabhängiges Leben und auf Teilnahme am sozialen und kulturellen Leben.

Artikel 26 Integration von Menschen mit Behinderung

Die Union anerkennt und achtet den Anspruch von Menschen mit Behinderung auf Maßnahmen zur Gewährleistung ihrer Eigenständigkeit, ihrer sozialen und beruflichen Eingliederung und ihrer Teilnahme am Leben der Gemeinschaft.

TITEL IV / SOLIDARITÄT

Artikel 27 Recht auf Unterrichtung und Anhörung der Arbeitnehmerinnen und Arbeitnehmer im Unternehmen

Für die Arbeitnehmerinnen und Arbeitnehmer oder ihre Vertreter muss auf den geeigneten Ebenen eine rechtzeitige Unterrichtung und Anhörung in den Fällen und unter den Voraussetzungen gewährleistet sein, die nach dem Unionsrecht und den einzelstaatlichen Rechtsvorschriften und Gepflogenheiten vorgesehen sind.

Artikel 28 Recht auf Kollektivverhandlungen und Kollektivmaßnahmen

Die Arbeitnehmerinnen und Arbeitnehmer sowie die Arbeitgeberinnen und Arbeitgeber oder ihre jeweiligen Organisationen haben nach dem Unionsrecht und den einzelstaatlichen Rechtsvorschriften und Gepflogenheiten das Recht, Tarifverträge auf den geeigneten Ebenen auszuhandeln und zu schließen sowie bei Interessenkonflikten kollektive Maßnahmen zur Verteidigung ihrer Interessen, einschließlich Streiks, zu ergreifen.

Artikel 29 Recht auf Zugang zu einem Arbeitsvermittlungsdienst

Jeder Mensch hat das Recht auf Zugang zu einem unentgeltlichen Arbeitsvermittlungsdienst.

Artikel 30 Schutz bei ungerechtfertigter Entlassung

Jede Arbeitnehmerin und jeder Arbeitnehmer hat nach dem Unionsrecht und den einzelstaatlichen Rechtsvorschriften und Gepflogenheiten Anspruch auf Schutz vor ungerechtfertigter Entlassung.

Artikel 31 Gerechte und angemessene Arbeitsbedingungen

1. Jede Arbeitnehmerin und jeder Arbeitnehmer hat das Recht auf gesunde, sichere und würdige Arbeitsbedingungen.
2. Jede Arbeitnehmerin und jeder Arbeitnehmer hat das Recht auf eine Begrenzung der Höchstarbeitszeit, auf tägliche und wöchentliche Ruhezeiten sowie auf bezahlten Jahresurlaub.

Artikel 32 Verbot der Kinderarbeit und Schutz der Jugendlichen am Arbeitsplatz

Kinderarbeit ist verboten. Unbeschadet günstigerer Vorschriften für Jugendliche und abgesehen von begrenzten Ausnahmen darf das Mindestalter für den Eintritt in das Arbeitsleben das Alter, in dem die Schulpflicht endet, nicht unterschreiten.

Zur Arbeit zugelassene Jugendliche müssen ihrem Alter angepasste Arbeitsbedingungen erhalten und vor wirtschaftlicher Ausbeutung und vor jeder Arbeit geschützt werden, die ihre Sicherheit, ihre Gesundheit, ihre körperliche, geistige, sittliche oder soziale Entwicklung beeinträchtigen oder ihre Erziehung gefährden könnte.

Artikel 33 Familien- und Berufsleben

1. Der rechtliche, wirtschaftliche und soziale Schutz der Familie wird gewährleistet.
2. Um Familien- und Berufsleben miteinander in Einklang bringen zu können, hat jeder Mensch das Recht auf Schutz vor Entlassung aus einem mit der Mutterschaft zusammenhängenden Grund sowie den Anspruch auf einen bezahlten Mutterschaftsurlaub und auf einen Elternurlaub nach der Geburt oder Adoption eines Kindes.

Artikel 34 Soziale Sicherheit und soziale Unterstützung

1. Die Union anerkennt und achtet das Recht auf Zugang zu den Leistungen der sozialen Sicherheit und zu den sozialen Diensten, die in Fällen wie Mutterschaft, Krankheit, Arbeitsunfall, Pflegebedürftigkeit oder im Alter sowie bei Verlust des Arbeitsplatzes Schutz gewährleisten, nach Maßgabe des Unionsrechts und der einzelstaatlichen Rechtsvorschriften und Gepflogenheiten.
2. Jeder Mensch, der in der Union seinen rechtmäßigen Wohnsitz hat und seinen Aufenthalt rechtmäßig wechselt, hat Anspruch auf die Leistungen der sozialen Sicherheit und die sozialen Vergünstigungen nach dem Unionsrecht und den einzelstaatlichen Rechtsvorschriften und Gepflogenheiten.
3. Um die soziale Ausgrenzung und die Armut zu bekämpfen, anerkennt und achtet die Union das Recht auf eine soziale Unterstützung und eine Unterstützung für die Wohnung, die allen, die nicht über ausreichende Mittel verfügen, ein menschenwürdiges Dasein sicherstellen sollen, nach Maßgabe des Unionsrechts und der einzelstaatlichen Rechtsvorschriften und Gepflogenheiten.

Artikel 35 Gesundheitsschutz

Jeder Mensch hat das Recht auf Zugang zur Gesundheitsvorsorge und auf ärztliche Versorgung nach Maßgabe der einzelstaatlichen Rechtsvorschriften und Gepflogenheiten. Bei der Festlegung und Durchführung der Politik und Maßnahmen der Union in allen Bereichen wird ein hohes Gesundheitsschutzniveau sichergestellt.

Artikel 36 Zugang zu Dienstleistungen von allgemeinem wirtschaftlichem Interesse

Die Union anerkennt und achtet den Zugang zu Dienstleistungen von allgemeinem wirtschaftlichem Interesse, wie er durch die einzelstaatlichen Rechtsvorschriften und Gepflogenheiten im Einklang mit den Verträgen geregelt ist, um den sozialen und territorialen Zusammenhalt der Union zu fördern.

Artikel 37 Umweltschutz

Ein hohes Umweltschutzniveau und die Verbesserung der Umweltqualität müssen in die Politik der Union einbezogen und nach dem Grundsatz der nachhaltigen Entwicklung sichergestellt werden.

Artikel 38 Verbraucherschutz

Die Politik der Union stellt ein hohes Verbraucherschutzniveau sicher.

TITEL V / BÜRGERRECHTE

Artikel 39 Aktives und passives Wahlrecht bei den Wahlen zum Europäischen Parlament

(1) Die Unionsbürgerinnen und Unionsbürger besitzen in dem Mitgliedstaat, in dem sie ihren Wohnsitz haben, das aktive und passive Wahlrecht bei den Wahlen zum Europäischen Parlament unter denselben Bedingungen wie die Angehörigen des betreffenden Mitgliedstaats.

(2) Die Mitglieder des Europäischen Parlaments werden in allgemeiner, unmittelbarer, freier und geheimer Wahl gewählt.

Artikel 40 Aktives und passives Wahlrecht bei den Kommunalwahlen

Die Unionsbürgerinnen und Unionsbürger besitzen in dem Mitgliedstaat, in dem sie ihren Wohnsitz haben, das aktive und passive Wahlrecht bei Kommunalwahlen unter denselben Bedingungen wie die Angehörigen des betreffenden Mitgliedstaats.

Artikel 41 Recht auf eine gute Verwaltung

1. Jede Person hat ein Recht darauf, dass ihre Angelegenheiten von den Organen, Einrichtungen und sonstigen Stellen der Union unparteiisch, gerecht und innerhalb einer angemessenen Frist behandelt werden.
2. Dieses Recht umfasst insbesondere

a) das Recht jeder Person, gehört zu werden, bevor ihr gegenüber eine für sie nachteilige individuelle Maßnahme getroffen wird,

b) das Recht jeder Person auf Zugang zu den sie betreffenden Akten unter Wahrung des berechtigten Interesses der Vertraulichkeit sowie des Berufs- und Geschäftsgeheimnisses,

c) die Verpflichtung der Verwaltung, ihre Entscheidungen zu begründen.

3. Jede Person hat Anspruch darauf, dass die Union den durch ihre Organe oder Bediensteten in Ausübung ihrer Amtstätigkeit verursachten Schaden nach den allgemeinen Rechtsgrundsätzen ersetzt, die den Rechtsordnungen der Mitgliedstaaten gemeinsam sind.
4. Jede Person kann sich in einer der Sprachen der Verträge an die Organe der Union wenden und muss eine Antwort in derselben Sprache erhalten.

Artikel 42 Recht auf Zugang zu Dokumenten

Die Unionsbürgerinnen und Unionsbürger sowie jede natürliche oder juristische Person mit Wohnsitz oder satzungsmäßigem Sitz in einem Mitgliedstaat haben das Recht auf Zugang zu den Dokumenten der Organe, Einrichtungen und sonstigen Stellen der Union, unabhängig von der Form der für diese Dokumente verwendeten Träger.

Artikel 43 Der Europäische Bürgerbeauftragte

Die Unionsbürgerinnen und Unionsbürger sowie jede natürliche oder juristische Person mit Wohnsitz oder satzungsmäßigem Sitz in einem Mitgliedstaat haben das Recht, den Europäischen Bürgerbeauftragten im Falle von Missständen bei der Tätigkeit der Organe, Einrichtungen und sonstigen Stellen der Union, mit Ausnahme des Gerichtshofs der Europäischen Union in Ausübung seiner Rechtsprechungsbefugnisse, zu befassen.

Artikel 44 Petitionsrecht

Die Unionsbürgerinnen und Unionsbürger sowie jede natürliche oder juristische Person mit Wohnsitz oder satzungsmäßigem Sitz in einem Mitgliedstaat haben das Recht, eine Petition an das Europäische Parlament zu richten.

Artikel 45 Freizügigkeit und Aufenthaltsfreiheit

1. Die Unionsbürgerinnen und Unionsbürger haben das Recht, sich im Hoheitsgebiet der Mitgliedstaaten frei zu bewegen und aufzuhalten.
2. Staatsangehörigen von Drittländern, die sich rechtmäßig im Hoheitsgebiet eines Mitgliedstaats aufhalten, kann nach Maßgabe der Verträge Freizügigkeit und Aufenthaltsfreiheit gewährt werden.

Artikel 46 Diplomatischer und konsularischer Schutz

Die Unionsbürgerinnen und Unionsbürger genießen im Hoheitsgebiet eines Drittlands, in dem der Mitgliedstaat, dessen Staatsangehörigkeit sie besitzen, nicht vertreten ist, den Schutz durch die diplomatischen und konsularischen Behörden eines jeden Mitgliedstaats unter denselben Bedingungen wie Staatsangehörige dieses Staates.

TITEL VI / JUSTIZIELLE RECHTE

Artikel 47 Recht auf einen wirksamen Rechtsbehelf und ein unparteiisches Gericht

Jede Person, deren durch das Recht der Union garantierte Rechte oder Freiheiten verletzt worden sind, hat das Recht, nach Maßgabe der in diesem Artikel vorgesehenen Bedingungen bei einem Gericht einen wirksamen Rechtsbehelf einzulegen.

Jede Person hat ein Recht darauf, dass ihre Sache von einem unabhängigen, unparteiischen und zuvor durch Gesetz errichteten Gericht in einem fairen Verfahren, öffentlich und innerhalb angemessener Frist verhandelt wird. Jede Person kann sich beraten, verteidigen und vertreten lassen.

Personen, die nicht über ausreichende Mittel verfügen, wird Prozesskostenhilfe bewilligt, soweit diese Hilfe erforderlich ist, um den Zugang zu den Gerichten wirksam zu gewährleisten.

Artikel 48 Unschuldsvermutung und Verteidigungsrechte

1. Jeder Angeklagte gilt bis zum rechtsförmlich erbrachten Beweis seiner Schuld als unschuldig.
2. Jedem Angeklagten wird die Achtung der Verteidigungsrechte gewährleistet.

Artikel 49 Grundsätze der Gesetzmäßigkeit und der Verhältnismäßigkeit im Zusammenhang mit Straftaten und Strafen

1. Niemand darf wegen einer Handlung oder Unterlassung verurteilt werden, die zur Zeit ihrer Begehung nach innerstaatlichem oder internationalem Recht nicht strafbar war. Es darf auch keine schwerere Strafe als die zur Zeit der Begehung angedrohte Strafe verhängt werden. Wird nach Begehung einer Straftat durch Gesetz eine mildere Strafe eingeführt, so ist diese zu verhängen.
2. Dieser Artikel schließt nicht aus, dass eine Person wegen einer Handlung oder Unterlassung verurteilt oder bestraft wird, die zur Zeit ihrer Begehung nach den allgemeinen, von der Gesamtheit der Nationen anerkannten Grundsätzen strafbar war.
3. Das Strafmaß darf zur Straftat nicht unverhältnismäßig sein.

Artikel 50 Recht, wegen derselben Straftat nicht zweimal strafrechtlich verfolgt oder bestraft zu werden

Niemand darf wegen einer Straftat, derentwegen er bereits in der Union nach dem Gesetz rechtskräftig verurteilt oder freigesprochen worden ist, in einem Strafverfahren erneut verfolgt oder bestraft werden.

TITEL VII / ALLGEMEINE BESTIMMUNGEN ÜBER DIE AUSLEGUNG UND ANWENDUNG DER CHARTA

Artikel 51 Anwendungsbereich

1. Diese Charta gilt für die Organe, Einrichtungen und sonstigen Stellen der Union unter Wahrung des Subsidiaritätsprinzips und für die Mitgliedstaaten ausschließlich bei der Durchführung des Rechts der Union. Dementsprechend achten sie die Rechte, halten sie sich an die Grundsätze und fördern sie deren Anwendung entsprechend ihren jeweiligen Zuständigkeiten und unter Achtung der Grenzen der Zuständigkeiten, die der Union in den Verträgen übertragen werden.
2. Diese Charta dehnt den Geltungsbereich des Unionsrechts nicht über die Zuständigkeiten der Union hinaus aus und begründet weder neue Zuständigkeiten noch neue Aufgaben für die Union, noch ändert sie die in den Verträgen festgelegten Zuständigkeiten und Aufgaben.

Artikel 52 Tragweite und Auslegung der Rechte und Grundsätze

1. Jede Einschränkung der Ausübung der in dieser Charta anerkannten Rechte und Freiheiten muss gesetzlich vorgesehen sein und den Wesensgehalt dieser Rechte und Freiheiten achten. Unter Wahrung des Grundsatzes der Verhältnismäßigkeit dürfen Einschränkungen nur vorgenommen werden, wenn sie erforderlich sind und den von der Union anerkannten dem Gemeinwohl dienenden Zielsetzungen oder den Erfordernissen des Schutzes der Rechte und Freiheiten anderer tatsächlich entsprechen.
2. Die Ausübung der durch diese Charta anerkannten Rechte, die in den Verträgen geregelt sind, erfolgt im Rahmen der in den Verträgen festgelegten Bedingungen und Grenzen.
3. Soweit diese Charta Rechte enthält, die den durch die Europäische Konvention zum Schutz der Menschenrechte und Grundfreiheiten garantierten Rechten entsprechen, haben sie die gleiche Bedeutung und Tragweite, wie sie ihnen in der genannten Konvention verliehen wird. Diese Bestimmung steht dem nicht entgegen, dass das Recht der Union einen weiter gehenden Schutz gewährt.
4. Soweit in dieser Charta Grundrechte anerkannt werden, wie sie sich aus den gemeinsamen Verfassungsüberlieferungen der Mitgliedstaaten ergeben, werden sie im Einklang mit diesen Überlieferungen ausgelegt.
5. Die Bestimmungen dieser Charta, in denen Grundsätze festgelegt sind, können durch Akte der Gesetzgebung und der Ausführung der Organe, Einrichtungen und sonstigen Stellen der Union sowie durch Akte der Mitgliedstaaten zur Durchführung des Rechts der Union in Ausübung ihrer jeweiligen Zuständigkeiten umgesetzt werden. Sie können vor Gericht nur bei der Auslegung dieser Akte und bei Entscheidungen über deren Rechtmäßigkeit herangezogen werden.
6. Den einzelstaatlichen Rechtsvorschriften und Gepflogenheiten ist, wie es in dieser Charta bestimmt ist, in vollem Umfang Rechnung zu tragen.
7. Die Erläuterungen, die als Anleitung für die Auslegung dieser Charta verfasst wurden, sind von den Gerichten der Union und der Mitgliedstaaten gebührend zu berücksichtigen.

Artikel 53 Schutzniveau

Keine Bestimmung dieser Charta ist als eine Einschränkung oder Verletzung der Menschenrechte und Grundfreiheiten auszulegen, die in dem jeweiligen Anwendungsbereich durch das Recht der Union und das Völkerrecht sowie durch die internationalen Übereinkünfte, bei denen die Union oder alle Mitgliedstaaten Vertragsparteien sind, darunter insbesondere die Europäische Konvention zum Schutz der Menschenrechte und Grundfreiheiten, sowie durch die Verfassungen der Mitgliedstaaten anerkannt werden.

Artikel 54 Verbot des Missbrauchs der Rechte

Keine Bestimmung dieser Charta ist so auszulegen, als begründe sie das Recht, eine Tätigkeit auszuüben oder eine Handlung vorzunehmen, die darauf abzielt, die in der Charta anerkannten Rechte und Freiheiten abzuschaffen oder sie stärker einzuschränken, als dies in der Charta vorgesehen ist.

Geschehen zu Straßburg am zwölften Dezember zweitausendsieben.

Im Namen des Europäischen Parlaments,
Der Präsident

Für den Rat der Europäischen Union,
Der Präsident

Für die Kommission der Europäischen Gemeinschaften,
Der Präsident

NA-31-11-060-DE-C

Euro-Währungszeichen vor dem Eurotower in Frankfurt am Main, dem ehemaligen Sitz der Europäischen Zentralbank.

Linke Seite: Charta der Grundrechte der Europäischen Union: Auf sie kann sich jeder in der Europäischen Union lebende Mensch berufen.

Ob nun die Seeschlacht bei Lepanto 1571 mit Don Juan de Austria oder der Sieg bei Wien 1683 mit Johann III. Sobieski in der Hauptrolle kontinentale Erinnerungsorte bilden – darüber könnten sich bestenfalls Gelehrte aus Italien, Österreich, Polen und Spanien streiten; ein Gymnasialschüler in Glasgow, Kopenhagen oder Kiew wird mit dieser Fragestellung nichts anfangen können. Lepanto und Wien interessieren heute kaum jemanden, da der Islam längst andere Beziehungen mit Europa eingegangen ist.

Ein neues, geschichtsmächtiges Feindbild entstand mit der russischen Revolution. Russland stellte für europäische Intellektuelle seit Peter dem Großen ein Problem dar – es wirkte nach Europa hinein, es kopierte europäische Patente, es faszinierte durch seine Größe sowie – im 19. Jahrhundert – durch seine originelle Kultur und war doch nicht wirklich Teil des Ganzen. Sowjetrussland stellte als erster russischer Staat einen gleichwertigen Gegenentwurf zu Europa dar, der spätestens seit Beginn des Kalten Kriegs als Zukunftsvision ernst genommen werden musste. Die entstehende Europäische Union verstand sich nicht zuletzt als Bollwerk gegen die sowjetische Bedrohung; in der Auseinandersetzung mit ihr hat sie sich gewissermaßen hochgearbeitet. Die alternative Utopie ist um 1968 aus dem Rennen um einen Platz in der europäischen Schatzkammer definitiv ausgeschieden. 1991 ist nur noch ein Schatten von ihr abgewickelt worden. Damit verlor Europa nach dem Osmanenreich und der kurzfristigen Episode des Nationalsozialismus den letzten ernst zu nehmenden Gegner; die USA taugten – auch wenn viele in Europa anders glaubten und glauben – für einen bedrohlichen Gegenentwurf nie. Die Hoffnung auf eine „Wiedergeburt Europas“ als Gegengewicht zum „hegemonialen Unilateralismus der Vereinigten Staaten“, wie sie Jacques Derrida und Jürgen Habermas 2003 nach dem Irak-Krieg lancierten, ruht heute ebenso im Archiv wie die anderen, oben angesprochenen Bezugspunkte.

Seitdem die äußere Bedrohung sich aufgelöst hat, lautet die Frage: Was soll oder will die Europäische Union werden? Ist ihr Ziel ein wirtschaftlicher Großraum, innerhalb dessen das ökonomische Grundgebot – die Freizügigkeit der grenzüberschreitenden Mobilität von Gütern, Menschen, Kapital und Dienstleistungen – perfektioniert wird? Sollte man es bei diesem von der Außenwelt bewunderten Beziehungsgeflecht belassen? Oder wollen die 500 Millionen Europäer eine Union, die sich – schrittweise, langsam, stets von Rückschlägen begleitet – weiterentwickelt zu einer Art politischem Gemeinwesen der Europäer, innerhalb dessen ihre Nationalstaaten allmählich an Bedeutung verlieren, ohne dass sie in absehbarer Zukunft wegzudenken wären?

WELCHE MYTHEN BIETET EUROPA?

Stellt man sich hingegen ein europäisches politisches Gemeinwesen vor, einen „Staatenverbund“, um die vom deutschen Bundesverfassungsgericht erfundene Bezeichnung zu wählen, der im Namen der 28 Mitglieder auch außerhalb seiner Grenzen agiert – dann braucht man mehr. Neben den neun Identitäten, die der Mensch nach Robert Musil besitzt, ist eine neue, zusätzliche notwendig, denn eine politische Gemeinschaft ohne Identität gibt es nicht, Identität ohne Tradition ebenfalls nicht. Die Eliten der Unionsländer versuchen ihren Wählern immer wieder in Erinnerung zu rufen, dass die wichtigste neue Tradition, welche wir der Europäischen Union verdanken, das friedliche Nebeneinander sei, anders formuliert – die Friedensgarantie. Ein Krieg zwischen Mitgliedern der Gemeinschaft ist ja heute schlicht unvorstellbar. Aus der Perspektive der Kriegsgeneration und der 1950er und 1960er Jahre, stellt diese neue Tradition einen unschätzbaren Mehrwert dar. Aus der Sicht der Jüngeren handelt es sich jedoch um eine Selbstverständlichkeit, die an ihrem positiven, negativen oder gleichgültigen Verhältnis zum „Staatenverbund“ nichts ändert.

Bleiben also nach jetzigem Stand die in der Union vertraglich festgeschriebenen Werte: Demokratie und Rechtsstaat, Menschenrechte und Minderheitenschutz. Sie greifen zwar alle auf reale historische Erfahrungen zurück und sind dennoch emotional „kalt“. Sie sind in der 2016 wie eh und je florierenden Mythenwelt der meisten Nationen kaum verankert und damit in der Konfrontation mit letzteren hoffnungslos unterlegen. Egal, wieviel die Bewohner des alten Kontinents der Europäischen Union verdanken: Sie bleibt aus der Sicht der meisten Europäer eine abgehobene Hochburg der Rechthaberei, ein unverständlicher Zahlenberg, schließlich ein Symbol für Überregulierung und Einmischung. Erfolgsmeldungen aus Brüssel kennt man nicht. Das hat gewiss damit zu

Der österreichische Karikaturist Oliver Schopf stellt das heutige Europa in eine lange historische Tradition.

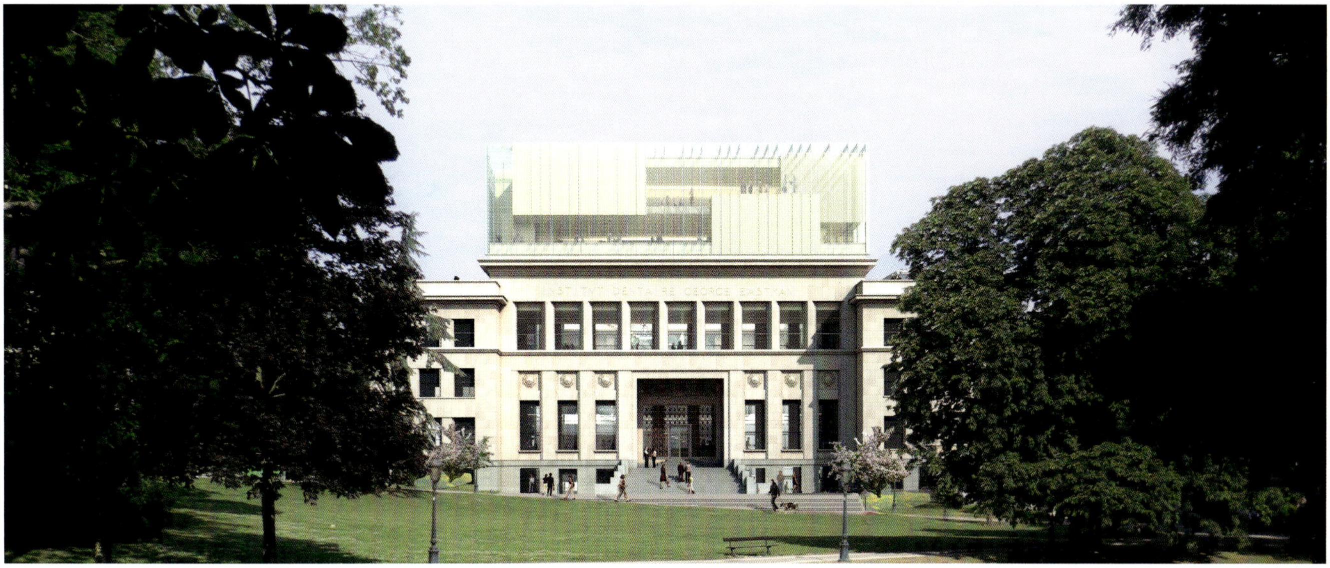

Das Haus der Europäischen Geschichte wird im Eastman-Gebäude im Léopold-Park inmitten des Europaviertels in Brüssel eingerichtet.

tun, dass es in den letzten Jahren nur wenig solcher gegeben hat; aber auch damit, dass die Europäische Union weltweit das am schlechtesten vermarktete Produkt sein dürfte. In den letzten Monaten von 2015 haben Millionen Europäer den erfolgreichen norwegischen Politthriller *Okkupert* (*Occupied – Die Besatzung*) gesehen. Der Vertreter der Brüsseler Kommission tritt hier als arroganter, verlogener Zyniker auf; schlechter schneidet nur der US-Botschafter ab. Beide tun nicht einmal so, als ob sie das Schicksal eines kleinen bedrohten Landes irgendwo im Norden interessieren würde.

Gibt es eine Möglichkeit, dass in Gegenwart oder Zukunft attraktive europäische Mythen doch noch entstehen? Aus der gefährlich kurzen Distanz von 2016 könnte man sich vorstellen, dass – wie mehrmals in der Vergangenheit – die äußere Bedrohung einer solchen Sinnstiftung Vorschub leistet. Russland erweckt wohl weit weniger Ängste als der Terrorismus, aber auch letzterer scheint nicht unbedingt die Blicke auf europäische Abwehrmechanismen zu lenken.

Bleibt also eine letzte Möglichkeit: Man stelle sich vor, die Europäische Union scheitert an der Gleichzeitigkeit mehrerer, bisher getrennt verlaufender Krisen. Die Nationalstaaten und ihre Bürger sind dann mehr oder minder auf sich alleine gestellt. Erstere erleben einen Rückfall in die geschichtlich bekannten Konflikte und Alleingänge. Ihren Bürgern auf dem Scherbenhaufen der Union geht es nicht nur ökonomisch schlecht, sie werden gegeneinander aufgebracht und ausgespielt.

Es ist vorstellbar, dass in diesem Fall erstmals ein transnationaler, kontinentaler Mythos entstünde: der des Goldenen Zeitalters einer leider verblichenen Europäischen Union.

Florian Pauls

Europa mit dem Smartphone

Europa ist zugleich die geografische Bezeichnung unseres Kontinents und ein Synonym für die 28 Mitglieder umfassende Europäische Union samt ihrer Vorteile und Probleme und nicht zuletzt auch der Sehnsuchtsort für Millionen von Flüchtlingen und Migranten. Das Schicksal einer schönen Prinzessin verbinden die meisten Menschen mit diesem Namen nicht mehr.

Die antike Europa-Sage findet sich erstmals in der *Ilias* von Homer im 8. Jahrhundert v. Chr. Auch Ovid schildert in seinen *Metamorphosen*, die in den ersten Jahren n. Chr. entstanden, die Entführung der Königstochter Europa auf die Insel Kreta durch Göttervater Zeus in der Gestalt eines Stiers. Bereits die Römer und Griechen stellten den Mythos vom Raub der Europa bildlich dar. In Pompeji entdeckte Mosaike und Wandmalereien, Funde von Skulpturen und Vasen in Griechenland zeugen von der Lebendigkeit der Erzählung in der Antike.

In Deutschland haben vor allem Gustav Schwabs 1838 bis 1840 erstmals publizierten drei Bände *Die schönsten Sagen des klassischen Altertums* großen Anteil an der Popularität. Der Gymnasiallehrer, der Latein und Altgriechisch unterrichtete, wollte eine einfache, für Schüler wie für Erwachsene verständliche Übertragung der antiken Epen schaffen. Bis heute wird sein Werk immer wieder neu herausgegeben und trägt so zum Erhalt der Mythen bei.

Auch diente Europa auf dem Stier als Motiv für die erste Serie von 5-DM-

Unteritalienische Vasenmalerei, um 340 bis 320 v. Chr., aus der Antikensammlung des Kunsthistorischen Museums Wien.

Scheinen aus dem Jahr 1948. Im Jahr 2015 wurde die zweite Serie von 20-Euro-Scheinen mit einem Hologramm, das den Ritt der Europa darstellt, in Umlauf gebracht.

Besonders beliebt ist der Mythos bei Karikaturisten und Illustratoren, wie die Darstellung einer jungen, modernen Europa von Miriam Migliazzi und Mart Klein beweist.

Die Künstler gestalteten für die Ausgabe der Wochenzeitung *Die Zeit* vom 5. März 2015 eine *Goddess Europe*, die einen der EU-Flagge nachempfundenen Overall trägt und sich mit ihrem Smartphone selbst fotografiert. Mit dieser Selfie-Darstellung transponieren die Künstler den antiken Mythos ins 21. Jahrhundert.

Die Geschichte der Europa dürfte sicher auch zukünftig als Projektionsfläche für die Interpretation europäischer Themen dienen. So ist aktuell von neuer Bedeutung, dass die antike Namensgeberin unseres Kontinents einen Migrationshintergrund hatte: Europa war eine phönizische Königstochter, deren Heimat ursprünglich im Gebiet des heutigen Libanon lag.

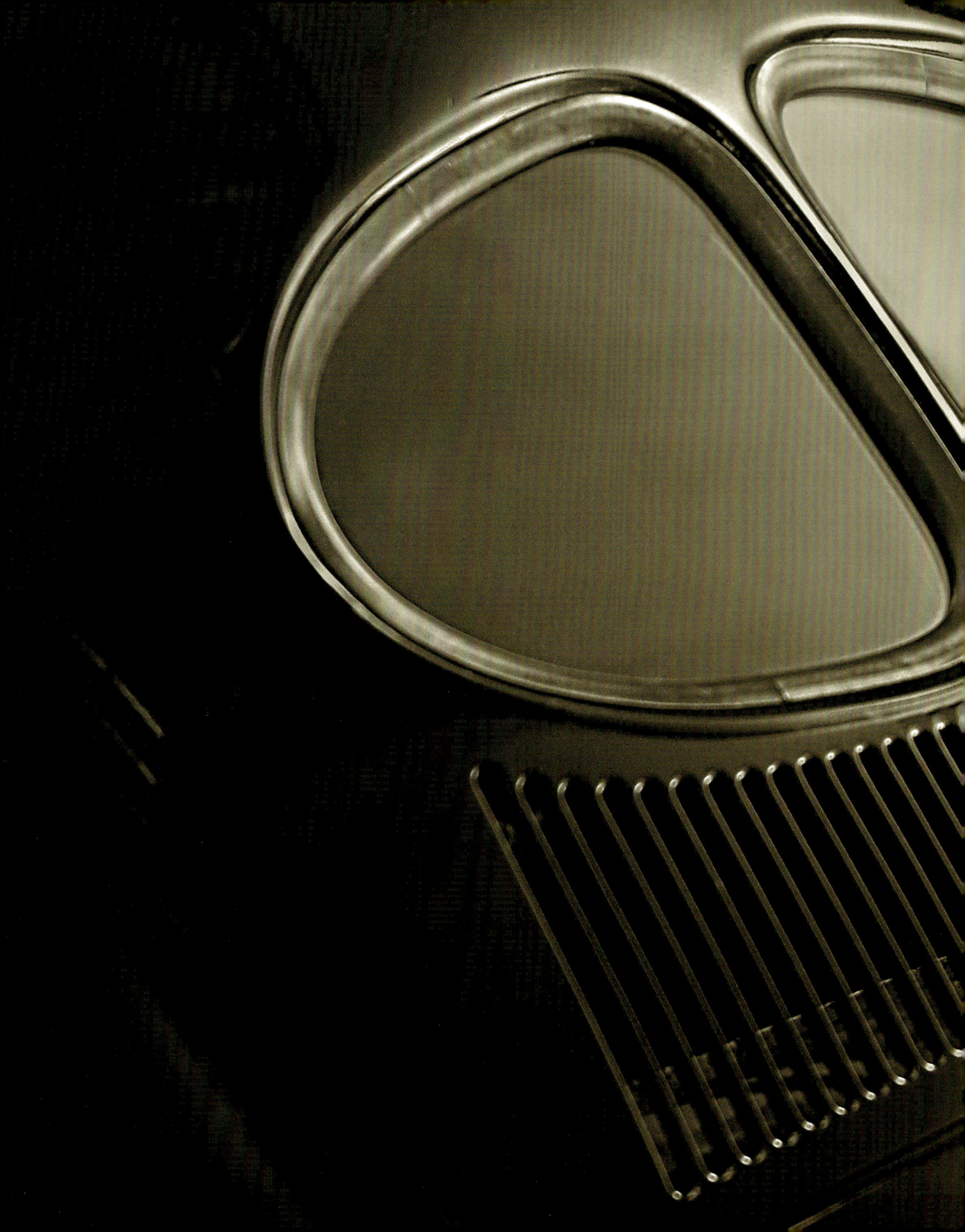

ANHANG

Autoren

Prof. Dr. Harald Biermann, Jahrgang 1966, Historiker, Kommunikationsdirektor der Stiftung Haus der Geschichte der Bundesrepublik Deutschland, Honorarprofessor für Neuere Geschichte an der Rheinischen Friedrich-Wilhelms-Universität Bonn.

Prof. Dr. Włodzimierz Borodziej, Jahrgang 1956, Historiker, seit 1996 Professor am Historischen Institut der Universität Warschau, seit Oktober 2010 zusammen mit Joachim von Puttkamer Direktor des Imre Kertész Kollegs Jena, Mitglied des Wissenschaftlichen Beirats der Stiftung Haus der Geschichte der Bundesrepublik Deutschland.

Prof. Dr. Dr. Franz-Josef Brüggemeier, Jahrgang 1951, Historiker, seit 1998 Professor für Wirtschafts-, Sozial- und Umweltgeschichte an der Albert-Ludwigs-Universität Freiburg. Zahlreiche Veröffentlichungen zur Sozial- und Wirtschaftsgeschichte des 19. und 20. Jahrhunderts, vor allem zur Umweltgeschichte und zur Geschichte des Sports.

Prof. Dr. Astrid Erll, Jahrgang 1972, Professorin für Anglophone Literaturen und Kulturen an der Johann Wolfgang Goethe-Universität Frankfurt am Main, davor Professorin in Wuppertal und Gastdozentin an der University of Wisconsin in Madison/USA, Forschungsschwerpunkt Erinnerungskulturen, seit 2004 Mitherausgeberin der Buchreihe *Medien und kulturelle Erinnerung*.

Prof. Dr. Bernd Faulenbach, Jahrgang 1943, Historiker, stellvertretender Direktor des Forschungsinstituts Arbeit, Bildung, Partizipation (bis 2007) in Recklinghausen, Honorarprofessor für Zeitgeschichte an der Ruhr-Universität Bochum, von 1998 bis 2016 stellvertretender Vorsitzender der Bundesstiftung zur Aufarbeitung der SED-Diktatur, Mitglied des Wissenschaftlichen Beirats der Stiftung Haus der Geschichte der Bundesrepublik Deutschland.

Prof. Dr. Dominik Geppert, Jahrgang 1970, Historiker, von 2000 bis 2005 wissenschaftlicher Mitarbeiter am Deutschen Historischen Institut London, seit 2010 Professor für Neuere und Neueste Geschichte an der Rheinischen Friedrich-Wilhelms-Universität Bonn.

Dr. Monika Gibas, Jahrgang 1951, Historikerin, 1973 bis 1992 Dozentin an der Karl-Marx-Universität Leipzig, seit 1993 Privatdozentin, von 2001 bis 2011 wissenschaftliche Mitarbeiterin an der Friedrich-Schiller-Universität Jena, seit 2011 Lehrkraft für besondere Aufgaben am Institut für Geschichte der Otto-von-Guericke-Universität Magdeburg.

Dr. Hans Walter Hütter, Jahrgang 1954, Historiker, Präsident und Professor der Stiftung Haus der Geschichte der Bundesrepublik Deutschland.

Dr. Daniel Kosthorst, Jahrgang 1960, Historiker, wissenschaftlicher Mitarbeiter der Stiftung Haus der Geschichte der Bundesrepublik Deutschland, Projektleiter der Ausstellung *Deutsche Mythen seit 1945*.

Prof. Dr. Herfried Münkler, Jahrgang 1951, Politikwissenschaftler, Professor für Theorie der Politik an der Humboldt-Universität zu Berlin und Mitglied der Berlin-Brandenburgischen Akademie der Wissenschaften.

Verfasser des Standardwerks zur Mythenforschung *Die Deutschen und ihre Mythen* (2009).

Prof. Dr. Werner Plumpe, Jahrgang 1954, Wirtschaftshistoriker, 1994 bis 1997 Dozent an der Ruhr-Universität Bochum, seit 1999 Professor für Wirtschafts- und Sozialgeschichte an der Johann Wolfgang Goethe-Universität Frankfurt am Main, von 2008 bis 2012 Vorsitzender des Verbandes der Historiker und Historikerinnen Deutschlands, Mitglied der Historischen Kommission bei der Bayerischen Akademie der Wissenschaften, Mitglied des Wissenschaftlichen Beirats der Stiftung Haus der Geschichte der Bundesrepublik Deutschland.

Prof. Dr. Andreas Rödder, Jahrgang 1967, Historiker, seit 2005 ordentlicher Professor für Neueste Geschichte mit dem Schwerpunkt Internationale Geschichte des 19. und 20. Jahrhunderts an der Johannes Gutenberg-Universität Mainz, Mitglied des Wissenschaftlichen Beirats der Stiftung Haus der Geschichte der Bundesrepublik Deutschland.

Dr. Frank Uekötter, Jahrgang 1970, Historiker, 2008 bis 2011 Deputy Director am Rachel Carson Center for Environment and Society der Ludwig-Maximilians-Universität München, seit 2013 Dozent für geisteswissenschaftliche Umweltforschung an der University of Birmingham/Großbritannien.

Autoren der Objektgeschichten

Bettina Citron, Jahrgang 1965, Germanistin und Kunsthistorikerin, Redakteurin des Begleitbuchs zur Ausstellung *Deutsche Mythen seit 1945*.

Anne-Maike Ewert, Jahrgang 1982, Kulturwissenschaftlerin und Kunsthistorikerin, Projektmitarbeiterin der Stiftung Haus der Geschichte der Bundesrepublik Deutschland für die Ausstellung *Deutsche Mythen seit 1945*.

Florian Pauls, Jahrgang 1985, Historiker, Projektmitarbeiter der Stiftung Haus der Geschichte der Bundesrepublik Deutschland für die Ausstellung *Deutsche Mythen seit 1945*.

Dr. Tuya Roth, Jahrgang 1976, Kunsthistorikerin, wissenschaftliche Mitarbeiterin der Stiftung Haus der Geschichte der Bundesrepublik Deutschland.

Dr. Peter Paul Schwarz, Jahrgang 1977, Germanist und Historiker, wissenschaftlicher Volontär der Stiftung Haus der Geschichte der Bundesrepublik Deutschland.

Projektbeteiligte

Präsident und Professor
Dr. Hans Walter Hütter

Direktor des Zeitgeschichtlichen Forums Leipzig
Dr. Jürgen Reiche

Ausstellungsdirektor
Dr. Thorsten Smidt

Projektleiter
Dr. Daniel Kosthorst

Projektgruppe
Anne-Maike Ewert
Prof. Dr. Bernd Lindner
Dr. Anne Martin
Florian Pauls
Dr. Tuya Roth
Dr. Peter Paul Schwarz

Objektdisposition
Tilla Stöckigt
Jana Piontek
Kerstin Langwagen

Museumspädagogik
Annett Meineke

AV-Medien
Sascha Dreiser
Ralf Lieb

Ausstellungsgestaltung
Atelier Schubert, Stuttgart

Literaturhinweise

Abelshauser, Werner, *Deutsche Wirtschaftsgeschichte. Von 1945 bis zur Gegenwart*, 2., vollst. überarb., aktual. u. erw. Aufl., Bonn 2011.

Agethen, Manfred/Jesse, Eckhard/Neubert, Ehrhart (Hgg.), *Der missbrauchte Antifaschismus. DDR-Staatsdoktrin und Lebenslüge der deutschen Linken*, Freiburg i. Br./Basel/Wien 2002.

Altrichter, Helmut/Herbers, Klaus/Neuhaus, Helmut (Hgg.), *Mythen in der Geschichte*, Freiburg im Breisgau 2004

Ders./Bernecker, Walther Ludwig, *Geschichte Europas im 20. Jahrhundert*, Stuttgart 2004.

Assmann, Aleida, *Der lange Schatten der Vergangenheit. Erinnerungskultur und Geschichtspolitik*, München 2006.

Dies., *Das neue Unbehagen an der Erinnerungskultur. Eine Intervention*, München 2013.

Dies./Frevert, Ute, *Geschichtsvergessenheit – Geschichtsversessenheit. Vom Umgang mit deutschen Vergangenheiten nach 1945*, Stuttgart 1999.

Assmann, Jan, *Das kulturelle*

Gedächtnis. Schrift, Erinnerung und politische Identität in frühen Hochkulturen, München [7]2013.
Bausenwein, Christoph, *Geheimnis Fußball. Auf den Spuren eines Phänomens*, Göttingen 2006.
Becker-Schaum, Christoph u.a. (Hgg.), *„Entrüstet Euch!" Nuklearkrise, NATO-Doppelbeschluss und Friedensbewegung*, Paderborn 2012.
Berding, Helmut (Hg.), *Mythos und Nation. Studien zur Entwicklung des kollektiven Bewusstseins in der Neuzeit*, Bd. 3, Frankfurt am Main 1996.
Bizeul, Yves (Hg.), *Politische Mythen und Rituale in Deutschland, Frankreich und Polen*, Berlin 2000.
Ders., *Rekonstruktion des Nationalmythos? Frankreich, Deutschland und die Ukraine im Vergleich*, Göttingen 2013.
Blumenberg, Hans, *Arbeit am Mythos*, Frankfurt am Main 1996.
Boer, Pim den u. a. (Hgg.), *Europäische Erinnerungsorte*, 3 Bde., München 2012.
Borodziej, Włodzimierz u. a. (Hgg.), *Option Europa: deutsche, polnische und ungarische Europapläne des 19. und 20. Jahrhunderts*. Bd. 1: Essays, Göttingen 2005.
Braun, Hans/Gerhardt, Uta/Holtmann, Everhard (Hgg.), *Die lange Stunde Null. Gelenkter sozialer Wandel in Westdeutschland nach 1945*, Baden-Baden 2007.
Brändle, Fabian/Koller, Christian, *Goal! Kultur- und Sozialgeschichte des modernen Fußballs*, Zürich 2002.
Brüggemeier, Franz-Josef, *Zurück auf dem Platz. Deutschland und die Fußballweltmeisterschaft 1954*, München 2004.
Ders., *Weltmeister im Schatten Hitlers. Deutschland und die Fußballweltmeisterschaft 1954*, Essen 2014.
Bundeszentrale für politische Bildung (Hg.), *Gedenkstätten für die Opfer des Nationalsozialismus. Eine Dokumentation*, 2 Bde., Bonn 1996/2000.
Cornelißen, Christoph/Klinkhammer, Lutz/Schwentker, Wolfgang (Hgg.), *Erinnerungskulturen. Deutschland, Italien und Japan seit 1945*, Frankfurt am Main 2003.
Eichenberg, Ariane/Gudehus, Christian/Welzer, Harald (Hgg.), *Gedächtnis und Erinnerung. Ein interdisziplinäres Handbuch*, Stuttgart 2010.
Erll, Astrid, *Kollektives Gedächtnis und Erinnerungskulturen. Eine Einführung*, 2., aktual. u. erw. Aufl., Stuttgart 2011.
Faulenbach, Bernd, *Deutsche Erinnerungsgesellschaft Ost und West seit 1989/90*, in: Cornelißen, Christoph/Holec, Roman/Pešek, Jiří (Hgg.), *Diktatur – Krieg – Vertreibung. Erinnerungskulturen in Tschechien, der Slowakei und Deutschland seit 1945*, Essen 2005, S. 453–472.
Ders., *Diktaturerfahrungen und demokratische Erinnerungskultur in Deutschland*, in: Kaminsky, Anna (Hg.), *Orte des Erinnerns. Gedenkzeichen, Gedenkstätten und Museen zur Diktatur in SBZ und DDR*, 3. überarb. Aufl., Berlin 2016.
Fischer, Torben/Lorenz, Matthias N. (Hgg.), *Lexikon der „Vergangenheitsbewältigung" in Deutschland. Debatten- und Diskursgeschichte des Nationalsozialismus nach 1945*, Bielefeld 2009.
Flacke, Monika (Hg.), *Mythen der Nationen. 1945 – Arena der Erinnerungen*, Begleitbände zur Ausstellung des Deutschen Historischen Museums, Berlin 2004.
François, Etienne/Schulze, Hagen, *Deutsche Erinnerungsorte*, 3 Bde., München 2009.

Frei, Norbert, *Vergangenheitspolitik. Die Anfänge der Bundesrepublik und die NS-Vergangenheit*, München [5]2012.

Gebauer, Gunter, *Poetik des Fußballs*, Frankfurt am Main 2006.

Geppert, Dominik, *Ein Europa, das es nicht gibt. Die Sprengkraft des Euro*, Berlin 2013.

Gibas, Monika: *Propaganda in der DDR. 1949–1989*, Erfurt 2000.

Glatz, Rainer Lutz/Tophoven, Rolf (Hgg.), *Am Hindukusch – und weiter? Die Bundeswehr im Auslandseinsatz. Erfahrungen, Bilanzen, Ausblicke*, Bonn 2015.

Großbölting, Thomas (Hg.), *Friedensstaat, Leseland, Sportnation? DDR-Legenden auf dem Prüfstand*, Berlin [2]2010.

Grunenberg, Antonia, *Antifaschismus – Ein deutscher Mythos*, Reinbek 1993.

Grunenberg, Nina, *Die Wundertäter. Netzwerke der deutschen Wirtschaft 1942 bis 1966*, München 2006.

Halbwachs, Maurice, *Das Gedächtnis und seine sozialen Bedingungen*, Frankfurt am Main 1985 (1925).

Ders., *Das kollektive Gedächtnis*, Frankfurt am Main 1991.

Herzog, Markwart (Hg.), *Fußball als Kulturphänomen. Kunst – Kult – Kommerz*, Stuttgart 2002.

Hurrelbrink, Peter, *Der 8. Mai 1945. Befreiung durch Erinnerung*, Bonn 2005.

Jarausch, Konrad Hugo/Sabrow, Martin (Hgg.), *Die historische Meistererzählung. Deutungslinien der deutschen Nationalgeschichte nach 1945*, Göttingen 2002.

Ders., *Die Umkehr. Deutsche Wandlungen 1945–1995*, München 2004.

Jöckel, Jana, *Vom „Wunder von Bern“ zum „Sommermärchen“. Fußball-Weltmeisterschaften und die deutsche Nation*, Münster 2015.

Kahnt, Helmut/Schöne, Michael H./Walz, Karlheinz, *50 Jahre Deutsche Mark. 1948–1998. Die Geschichte der deutschen Nachkriegswährungen in Ost und West*, Regenstauf 1998.

Klinge, Sebastian, *1989 und wir. Geschichtspolitik und Erinnerungskultur nach dem Mauerfall*, Bielefeld 2015.

Knigge, Volkhard/Pietsch, Jürgen Maria/Seidel, Thomas A. (Hgg.), *Versteinertes Gedenken. Das Buchenwalder Mahnmal von 1958*, Spröda 1997.

Ders. u. a. (Hgg.), *Arbeit am europäischen Gedächtnis. Diktaturerfahrung und Demokratieentwicklung*, Köln/Weimar/Wien 2011.

Kowalczuk, Ilko-Sascha/Wolle, Stefan, *Roter Stern über Deutschland. Sowjetische Truppen in der DDR*, 2., durchgesehene Aufl., Berlin 2010.

Kraushaar, Wolfgang, *Achtundsechzig. Eine Bilanz*, Berlin 2008.

Krüger Michael/Schulze, Bernd (Hgg.), *Fußball in Geschichte und Gesellschaft*, Hamburg 2006.

Leo, Annette/Reif-Spirek, Peter (Hgg.), *Helden, Täter und Verräter. Studien zum DDR-Antifaschismus*, Berlin 1999.

Lindlar, Ludger, *Das missverstandene Wirtschaftswunder. Westdeutschland und die westeuropäische Nachkriegsprosperität* (= Schriften zur angewandten Wirtschaftsforschung 77), Tübingen 1997.

Loth, Wilfried, *Europas Einigung. Eine unvollendete Geschichte*, Frankfurt am Main/New York 2014.

Metzger, Birgit, *„Erst stirbt der Wald, dann du!“ Das Waldsterben als westdeutsches Politikum (1978–1986)*, Frankfurt am Main/New York 2015.

Mittag, Jürgen/Nieland, Jörg-Uwe

(Hgg.), *Das Spiel mit dem Fußball. Interessen, Projektionen und Vereinnahmungen*, Essen 2007.

Mokre, Monika (Hg.), *Europas Identitäten. Mythen, Konflikte und Konstruktionen*, Frankfurt am Main 2003.

Monteath, Peter (Hg.), *Ernst Thälmann. Mensch und Mythos* (= German Monitor 52), Amsterdam/Atlanta 2000.

Monyer, Hannah/Gessmann, Martin, *Das geniale Gedächtnis. Wie das Gehirn aus der Vergangenheit unsere Zukunft macht*, München 2015.

Müller-Härlin, Maximilian, *Nation und Europa in Parlamentsreden zur Europäischen Integration. Identifikationsmuster in Deutschland, Frankreich und Großbritannien nach 1950*, Baden-Baden 2008.

Münkler, Herfried/Hacke, Jens (Hgg.), *Wege in die neue Bundesrepublik. Politische Mythen und kollektive Selbstbilder nach 1989*, Frankfurt am Main/New York 2009.

Ders., *Die Deutschen und ihre Mythen*, Berlin 2009.

Ders., *Macht in der Mitte, Die neuen Aufgaben Deutschlands in Europa*, Hamburg 2015.

Nida-Rümelin, Julian/Weidenfeld, Werner (Hgg.), *Europäische Identität: Voraussetzungen und Strategien*, Baden-Baden 2007.

Nora, Pierre (Hg.), *Les lieux de mémoire*, 3 Bde., Paris 1984–1992.

Oberhauser, Claus (Hg.), *Hinter den Kulissen. Beiträge zur historischen Mythenforschung*, Innsbruck 2012.

Pettenkofer, Andreas, *Die Entstehung der grünen Politik. Kultursoziologie der westdeutschen Umweltbewegung*, Frankfurt am Main/New York 2014.

Plumpe, Werner/Steiner, André (Hgg.), *Der Mythos von der postindustriellen Welt: Wirtschaftlicher Strukturwandel in Deutschland 1960 bis 1990*, Göttingen 2016.

Pöschko, Hans H. (Hg.), *Die Ermittler von Ludwigsburg. Deutschland und die Aufklärung nationalsozialistischer Verbrechen*, Berlin 2008.

Radkau, Joachim/Hahn, Lothar, *Aufstieg und Fall der deutschen Atomwirtschaft*, München 2013.

Raithel, Thomas, *Fußballweltmeisterschaft 1954. Sport – Geschichte – Mythos*, München 2004.

Reichel, Peter, *Vergangenheitsbewältigung in Deutschland. Die Auseinandersetzung mit der NS-Diktatur von 1945 bis heute*, 2., aktual. u. überarb. Aufl., München 2007.

Renken, Uta, *„Du bist Deutschland?“ Motive der Kampagnen zur Förderung des Bürgerbewusstseins*, Marburg 2009.

Reuter, Elke/Hansel, Detlef, *Das kurze Leben der VVN von 1947 bis 1953. Die Geschichte der Vereinigung der Verfolgten des Naziregimes in der sowjetischen Besatzungszone und in der DDR*, Berlin 1997.

Rödder, Andreas, *Geschichte der deutschen Wiedervereinigung*, München 2011.

Rothberg, Michael, *Multidirectional Memory. Remembering the Holocaust in the Age of Decolonization*, Stanford 2009.

Rüsen, Jörn, *Historische Orientierung. Über die Arbeit des Geschichtsbewußtseins, sich in der Zeit zurechtzufinden*, Köln/Weimar/Wien 1994.

Sabrow, Martin (Hg.), *Erinnerungsorte der DDR*, München 2009.

Satjukow, Silke, *Befreiung? Die Ostdeutschen und 1945*, Leipzig 2009.

Schacter, Daniel Lawrence, *Wir sind Erinnerung. Gedächtnis und Persönlichkeit*, Reinbek ^{2}2001.

Schediwy, Dagmar, *Ganz entspannt in Schwarz-Rot-Gold?*

Der Neue deutsche Fußballpatriotismus aus sozialpsychologischer Perspektive, Berlin/Münster 2012.

Schindelbeck, Dirk/Ilgen, Volker, *„Haste was, biste was!" Werbung für die Soziale Marktwirtschaft*, Darmstadt 1999.

Schmid, Harald/Krzymianowska, Justyna (Hgg.), *Politische Erinnerung. Geschichte und kollektive Identität*, Würzburg 2007.

Schöne, Jens, *Die DDR – Eine Geschichte des „Arbeiter- und Bauernstaates*, Berlin 2014.

Simms, Brendan, *Kampf um Vorherrschaft. Eine deutsche Geschichte Europas. 1453 bis heute*, München 2014.

Stiftung Haus der Geschichte der Bundesrepublik Deutschland (Hg.), *Unsere Geschichte. Deutschland seit 1945*, Bielefeld 2012.

Tielker, Wilhelm, *Der Mythos von der Idee Europa. Zur Kritik und Bedeutung historischer Entwicklungsgesetze bei der geistigen Verankerung der europäischen Vereinigung*, Münster 2003.

Treber, Leonie, *Mythos Trümmerfrauen. Von der Trümmerbeseitigung in der Kriegs- und Nachkriegszeit und der Entstehung eines deutschen Erinnerungsortes*, Essen 2014.

Uekötter, Frank, *Deutschland in Grün. Eine zwiespältige Erfolgsgeschichte*, Göttingen 2015.

Waibel, Harry, *Der gescheiterte Anti-Faschismus der SED. Rassismus in der DDR*, Frankfurt am Main u. a. 2014.

Welzer, Harald, *Das kommunikative Gedächtnis. Eine Theorie der Erinnerung*, München [2]2008.

Winkler, Heinrich August, *Der lange Weg nach Westen*, 2 Bde., München 2000.

Wodianka, Stephanie/Ebert, Juliane (Hgg.), *Metzler-Lexikon moderner Mythen. Figuren, Konzepte, Ereignisse*, Stuttgart/Weimar 2014.

Wolfrum, Edgar, *Geschichtspolitik in der Bundesrepublik Deutschland. Der Weg zur bundesrepublikanischen Erinnerung, 1948–1990*, Darmstadt 1999.

Wolle, Stefan/Hertle, Hans-Hermann, *Damals in der DDR. Der Alltag im Arbeiter- und Bauernstaat*, München 2006.

Zimmering, Raina, *Mythen in der Politik der DDR. Ein Beitrag zur Erforschung politischer Mythen*, Leverkusen 2000.

Förderer, Leih- und Lizenzgeber

Bei der Vorbereitung unserer Ausstellung haben uns Zeitzeugen und private Sammler, Fotografen und Fotodienste, Archive, Museen, Rundfunkanstalten und andere Einrichtungen unterstützt. Allen gilt unser herzlicher Dank.

action press GmbH & Co. KG, Hamburg
Adam Opel AG, Rüsselsheim
Adidas AG, Herzogenaurach
AFP Agence France-Presse GmbH, Berlin
Akademie der Künste, Berlin
akg-images GmbH, Berlin
Alternative für Deutschland, Berlin
Apitz, Marlis, Berlin
Archiv der sozialen Demokratie der Friedrich-Ebert-Stiftung, Bonn
Artflakes, Leipzig
Artothek, Weilheim
Associated Press GmbH, Frankfurt a. M.
Atelier d' architecture Chaix & Morel et associés, Paris
Axel Springer SE, Berlin

Bauder, Christopher und Marc, Berlin
Baum, Dr. Frank, Staufen
Bayerischer Rundfunk, München
Bayer Bitterfeld GmbH

Berlin-Brandenburgisches Wirtschaftsarchiv e. V., Berlin
Bertelsmann SE & Co.a KG.a A, Gütersloh
Bitburger Braugruppe GmbH, Bitburg
bpk – Bildagentur für Kunst, Kultur und Geschichte, Berlin
Brot für die Welt, Berlin
Bundesamt für Bauwesen und Raumordnung, Bonn und Berlin
Bundesarchiv, Berlin, Koblenz und Ludwigsburg
Bundesbeauftragter für die Unterlagen des Staatssicherheitsdienstes der ehemaligen Deutschen Demokratischen Republik (BStU), Berlin und Leipzig
Bundesstiftung zur Aufarbeitung der SED-Diktatur, Berlin
Bundesverband der Gablonzer Industrie e. V., Kaufbeuren
Bundesverband deutscher Banken, e. V., Berlin
Burkhardt, Heiko, Berlin

colourFIELD Tell a Vision GbR, Dortmund
Coutinho, Cristoffer, Repucom Deutschland GmbH, Köln

D'Alessio, Prof. Germana, Manno
ddp images GmbH, Hamburg
ddrbildarchiv.de, Berlin
Decker, Dr. habil Oliver, Leipzig
Der Generalbundesanwalt beim Bundesgerichtshof, Karlsruhe
Deutsche Bundesbank, Historisches Archiv, Frankfurt a. M.
Deutsche Kinemathek – Museum für Film und Fernsehen, Sammlung Theaterkunst, Berlin
Deutsche Nationalbibliothek, Leipzig und Frankfurt a. M.
Deutscher Bundestag, Berlin
Deutscher Fußball-Bund, Frankfurt a. M.
Deutsches Leder- und Schuhmuseum, Offenbach
Deutsches Patent- und Markenamt, München
Deutsches Sport & Olympia Museum, Köln
Deutsches Zollmuseum, Hamburg
Deutschlandradio, Köln
Die Beauftragte der Bundesregierung für Kultur und Medien (BKM), Berlin
Duales System Holding GmbH & Co. KG, Köln

EDAG Engineering GmbH, Fulda
Edwin Mieg oHG, Villingen-Schwenningen
Eurokorps, Straßburg
Europäische Kommission, Brüssel
Europäische Kommission, Vertretung in Deutschland, Berlin
Europäisches Parlament, Informationsbüro Deutschland, Berlin

Filbert, Uwe, Leipzig
Film House Germany AG, Berlin
Film- und Theater-Ausstattung GmbH, Geiselgasteig
Fischer Appelt AG, Hamburg
Florianfilm GmbH, Köln
Focke Museum, Bremer Landesmuseum für Kunst- und Kulturgeschichte
Forst BW, Freiburg
Fotolia, New York
Franckh-Kosmos Verlags-GmbH & Co. KG, Stuttgart
Frankfurter Kultur Komitee e. V., Frankfurt a. M.
Französische Botschaft in Deutschland, Berlin
Friedenswerkstatt Mutlangen, Pressehütte, Mutlangen
Friedrich-Naumann-Stiftung für die Freiheit, Archiv des Liberalismus, Gummersbach
Friedrich Wassermann GmbH & Co. KG, Köln
Furche, Bernd, Muldestausee

Geldmuseum der Deutschen Bundesbank, Frankfurt a. M.
Getschmann, Falk, Südharz
Getty Images, München
Giesecke & Devrient GmbH, München
Goethe-Institut, Mailand
Gorleben Archiv e. V., Lüchow
Grässlin, Jürgen, Freiburg im Breisgau
Grinager, Jill, Gießen

Grischek, Robert, Hamburg
Gütegemeinschaft Abfall- und Wertstoffbehälter e.V., Köln

Hagemann, Susanne, Berlin
Hantke, Susanne, Berlin
Haus der Bayerischen Geschichte, Augsburg
Heinrich-Böll-Stiftung e.V., Archiv Grünes Gedächtnis, Berlin
Henze, Oliver, Wernigerode

imago sportfotodienst GmbH, Berlin
imago stock&people GmbH, Berlin
INSM Initiative Neue Soziale Marktwirtschaft GmbH, Berlin
Initiative Stolpersteine für München e.V., München
Institut für Stadtgeschichte, Frankfurt a. M.
Institut für Zeitgeschichte, Archiv, München
Isergebirgs Museum Neugablonz, Kaufbeuren

Jahn, Thomas, Erpel
Janson, Jürgen, Landau
Jordan, Peter und Dorothy, Manchester
Jung von Matt AG, Hamburg

K4 galerie – Galerie für zeitgenössische Kunst, Saarbrücken
Kafalouka, Betty, Lesbos
Kaesberg, Dominik, Köln
Karlsberg Brauerei GmbH, Homburg
Karthaus, Petra, Neuss
Keystone Pressedienst GmbH & Co. KG, Hamburg
kicker-sportmagazin, Olympia-Verlag, Nürnberg
Kienzle & Oberhammer, Berlin
Konrad-Adenauer-Stiftung e.V., Archiv für Christlich-Demokratische Politik, Sankt Augustin
Krause, Brigitte, Hamburg
Kreismuseum Bitterfeld, Bitterfeld-Wolfen
Kreditanstalt für Wiederaufbau, Berlin
Krimmling, Jana, Halle (Saale)
Kulturamt Stadt Leipzig, Leipzig
Kulturprojekte Berlin GmbH, Berlin
Kur & Tourismus GmbH, Bad Frankenhausen

Landesamt für Archäologie Sachsen, Dresden
Landesarchiv Baden-Württemberg, Abt. Staatsarchiv Ludwigsburg
Landesarchiv Berlin, Berlin
Landkreis Stade, Archäologische Denkmalpflege und Kultur, Agathenburg
Langer, Claudia, München
Liberation Route Europe Foundation, Elst
LimeLight PR GmbH, Berlin
Little Shark Entertainment GmbH, Köln
Lukas Lindemann Rosinski GmbH, Hamburg
Lutzi, Barbara und Bernd, Enkenbach-Alsenborn

Mairdumont GmbH & Co. KG, Ostfildern
Mahlke, Burckhard, Halberstadt
Markenfilm GmbH & Co. KG, Wedel
Matthis, Holger, Hamburg
Matthias-Domaschk-Archiv, Berlin
Mayer, Axel, Freiburg im Breisgau
McDonald's Deutschland Inc., München
Mellies, Wilfried, Detmold
Menze, Marianne, Lichtburg Essen
Messe Düsseldorf GmbH, Düsseldorf
Mester, Gerhard, Wiesbaden
Migliazzi, Miriam & Mart Klein, Berlin
Militärhistorisches Museum der Bundeswehr Flugplatz Berlin-Gatow, Berlin
Militärhistorisches Museum der Bundeswehr, Dresden
Milla & Partner, Stuttgart
Müller, Christina und Ulrich, Taucha
Museum für Hamburgische Geschichte, Hamburg

Museum für Industriekultur, Nürnberg
MRM McCann GmbH, Frankfurt a. M.

NABU, Berlin
Niederlausitzer Heidemuseum, Spremberg
Niethammer, Daniela, Berlin
Norddeutscher Rundfunk, Hamburg
Nüchtern, Monika, München

Osterloh, Dr. Jörg, Frankfurt a. M.
Otto-von-Bismarck-Stiftung, Friedrichsruh
Otto, Thomas, Leipzig

Panfoto, Estorf
pax christi, Berlin
Pfohlmann, Christiane, Landsberg am Lech
Picture-Alliance GmbH, Frankfurt a. M.
Pilgrim, Prof. Hubertus von, Pullach
pizza.de GmbH, Berlin
Polnisches Institut, Leipzig
Poppe, Klaus, Wolfsburg
Potsdam Museum – Forum für Kunst und Geschichte, Potsdam
Presse- und Informationsamt der Bundesregierung, Berlin
Privatarchiv Monika Gibas, Magdeburg
Progress Filmverleih GmbH, Berlin
Puma SE, Herzogenaurach

Raupach, Thomas, Berlin
Reuters Pictures, Berlin
RFF-Real Fiction Filmverleih e.K, Köln
rheingold salon GmbH & Co. KG, Köln
Rialto Film GmbH, Berlin
Robin Wood e.V., Schwedt/Oder
Rode, Richard, Borken
Rothkirch Cartoon-Film GmbH, Berlin
Rothmann, Guido, Hamburg
Rotkäppchen-Mumm Sektkellereien GmbH, Freyburg/Unstrut
RWE AG, Essen

Sächsische Landesbibliothek – Staats- und Universitätsbibliothek Dresden, Deutsche Fotothek, Dresden
Sächsisches Staatsarchiv, Leipzig
Šašić, Célia, Koblenz
Schachtschneider, Dirk, Leipzig
Schnabel, Ulrich, Hamburg
Schidek, Christiane, Berlin
Scholz & Friends Group, Berlin
Schopf, Oliver, Wien
Schwedt, Prof. Dr. Georg, Bonn
Schweizerischer Fussballverband, Bern
Sektkellerei Deidesheim GmbH & Co. KG
Senator Film Verleih GmbH, Berlin
Sorger, Markus, Hamburg
Spicker, Esther, Berlin
Staatsarchiv der Freien und Hansestadt Hamburg
Stadtarchiv Breisach
Stadtarchiv Ludwigshafen
Stadtarchiv München
Stadtarchiv Stuttgart
Stadt Castrop-Rauxel, Stadtarchiv
Stadtgeschichtliches Museum Leipzig
Stadtmuseum Schloss Wolfsburg
Stadtmuseum Weimar
Städtische Galerie Dresden, Kunstsammlung, Museen der Stadt Dresden
Städtische Museen Junge Kunst und Viadrina, Frankfurt (Oder)
Stage Entertainment Veranstaltungsgesellschaft mbH, Hamburg
Steguweit, Dr. Wolfgang, Gotha
Stephanus-Stiftung, Berlin
Steinberg, Detlev, Berlin
Steinwerk Haas, Würzburg
Sternstein, Wolfgang, Stuttgart
Steyer, Christian, Berlin
Stiftung Archiv der Parteien und Massenorganisationen der DDR im Bundesarchiv, Berlin
Stiftung AutoMuseum Volkswagen, Wolfsburg
Stiftung Deutsches Historisches Museum, Berlin
Stiftung Deutsches Rundfunkarchiv, Potsdam-Babelsberg

Stiftung Gedenkstätten Buchenwald und Mittelbau-Dora, Weimar
Stiftung Internationaler Karlspreis zu Aachen
Stiftung Lesen, Mainz
Stiftung Schleswig-Holsteinische Landesmuseen, Schloss Gottorf, Schleswig
Stiftung Rheinisch-Westfälisches Wirtschaftsarchiv zu Köln
Strohmeyer, Arn, Bremen
Süddeutsche Zeitung Photo, München
Studio Hamburg Distribution & Marketing GmbH, Hamburg
Stuttmann, Klaus, Berlin
Swartzberg, Terry, München
SWR Media Services GmbH, Stuttgart

Taglicht Media GmbH, Köln
Telepool GmbH, München
Tennet TSO GmbH, Lehrte
Theaterkunst GmbH, Berlin
Theater & Philharmonie Thüringen, Altenburg
Thjnk berlin GmbH, Berlin
Titcumb, David, Wien
Transit Film GmbH, München
Treber, Dr. Leonie, Darmstadt
Turek, Rolf-Michael, Leipzig
Turm der Sinne gGmbH, Nürnberg

Universitätsbibliothek Leipzig
ullstein bild, Berlin
Urban, Elke, Leipzig

Vaillant Deutschland GmbH & Co. KG, Remscheid
Vergitsi, Maria-Anna, Leipzig
Verlag C. H. Beck, München
Volkswagen AG, Wolfsburg

Walter, Roy, Tönisforst
WDR Mediagroup GmbH, Köln
Weisflog, Josephine Natalie, Berlin
Weißgerber, Gunter, Grimma
Westdeutscher Rundfunk, Köln
WHITEvoid GmbH, Berlin
Wiemer, Erwin, Essen
Wild Bunch AG, Berlin
Wir zusammen, Düsseldorf

Yourphototoday, Ottobrunn

Zenger, Raik, Bad Düben
Zentralarchiv des Bezirksverbandes Pfalz, Kaiserslautern
Zentrale Stelle der Landesjustizverwaltungen zur Aufklärung nationalsozialistischer Verbrechen, Ludwigsburg
Zweites Deutsches Fernsehen, Mainz

Bildnachweis

action press: S. 10/11 (Peter Meissner)
akg-images: S. 36 (John Hios), 169 l., 169 r., 176 (Erich Lessing)
Atelier d'architecture Chaix & Morel et associés: S. 175 (Eddie Young/AACMA-JSWD)

Beleites, Michael: S. 131 r.
Berliner Verlag, Archiv: S. 12
Bilz, Friedrich Eduard: Das neue Naturheilverfahren, Leipzig 1894: S. 24
bpk – Bildagentur für Kunst, Kultur und Geschichte: S. 150 r.
Bundesarchiv Koblenz: S. 26 o. (Bild 183-J18468), 43 (Bild 183-07964-0001), 68/69 (Bild 183-1987-0727-024; ADN-ZB/Uhlemann)
Bundesverband deutscher Banken e.V.: S. 168
Burkhardt, Heiko: S. 18

CDS Gromke: S. 39, 72, 78, 88, 93 u., 96, 98 o., 99 l., 99 r., 113 o., 115 o., 131 l., 133 o., 133 u., 156 o., 170

Deutscher Bundestag: S. 166 (Stephan Erfurt)
Deutsches Sport & Olympia Museum: S. 157 (Gregor Baldrich)
ddp images: S. 106 (Tim Schulz)

Fotofinder, Thomas Raupach: S. 86 u.
Fotolia: S. 22/23

gettyimages: S. 171 (Sean Gallup)
Gibas, Monika: S. 74
Grischek, Robert: S. 163

Jahn, Thomas: U1 Quadriga, S. 60
Janson, Jürgen: S. 159 o.

K4 galerie: S. 150 l. (Werner Deller)

Landesarchiv Berlin: S. 46/47 (Alois Bankhardt)
Liebich, Klaus: S. 75

Malmus, Pia: S. 14
Migliazzi, Miriam & Mart Klein: S. 177

Picture-Alliance: S. 16 u., 20 (ZB/euroluftbild), 80 (ZB/Ralf Hirschberger), 94/95, 104 (Heinz Wieseler), 108/109, 112 (AP images), 118 (Stephan Jansen), 152/153 (Marcel Mettelsiefen), 154 (Marcus Brandt)
Presse- und Informationsamt der Bundesregierung: S. 27 u. (Klaus Lehnartz), 89 (Engelbert Reineke), 103 o. (Engelbert Reineke), 142,
Punctum Fotografie, Bertram Kober: S. 33, 38, 45, 52, 56, 70, 79, 81, 110, 151, 162

Sächsische Landesbibliothek – Staats- und Universitätsbibliothek Dresden, Deutsche Fotothek: S. 76 (Fotograf unbekannt)
Schopf, Oliver: S. 174
Sorger, Markus: S. 67
Staatsarchiv Hamburg: S. 114 o.
Städtische Galerie Dresden – Kunstsammlung, Museen der Stadt Dresden: S. 77
Stiftung Gedenkstätten Buchenwald und Mittelbau-Dora: S. 73
Stiftung Haus der Geschichte der Bundesrepublik Deutschland/Axel Thünker, Susan Schaarschmidt: S. 6, 15, 16 o., 34/35, 42, 50, 51, 53 o., 53 u., 58 u., 62 o., 65, 66, 72, 84, 90, 91 o., 98 u., 100, 101, 103 u., 107, 114 u., 115 u., 119, 125, 128 (Ausschnitt), 130 o., 130 u., 132, 136, 137, 140, 143, 144, 147, 149, 160, 161, 172, 178/179, U1 VW-Käfer: Axel Thünker
Strohmeyer, Arn: S. 164/165
Stuttmann, Klaus: S. 105, 134
Süddeutsche Zeitung Photo: S. 138/139 (dpa), 145 (UPI), 146 (dpa), 159 u. (Berthold Fischer), 173 (Doris Poklekowski)

ullstein bild: S. 9 (CARO/ Markus Waechter), 15 (Walter Gircke), 17 (Sven Simon), 19 (CARO/ Meyerbroeker), 26 u., 29 l. (Zeitort), 29 r. (José Giribás), 30 (BPA), 31 (IPON/ Stefan Boness), 32 (imageBROKER / Christian Reister), 40, 41 (Jochen Keute), 44 (Werner Otto), 48, 54 (Nowosti), 57 (dpa), 58 o., 59 (H. Schmidt-Luchs), 62 u., 63 (Otto Poss), 64, 82/83 (Röhrbein), 87 (dpa), 91 u. (Frank Ihlow), 93 o. (Reuters/Fabrizio Bensch), 113 u. (Schütt), 116 (Ulrich Baumgarten), 121 (dpa), 122 (Ulrich Baumgarten), 124 (Ulrich Baumgarten), 156 u. (Ferdi Hartung)

Verlag C.H. Beck: S. 27 o.
Vollmer, Manfred: S. 86 o.

Wir zusammen: S. 21

Zint, Günter: S. 126/127

Impressum

Deutsche Mythen seit 1945
Begleitbuch zur Ausstellung im Zeitgeschichtlichen Forum Leipzig der Stiftung Haus der Geschichte der Bundesrepublik Deutschland, 15. Juni 2016 bis 15. Januar 2017, im Haus der Geschichte der Bundesrepublik Deutschland, Bonn, März bis August 2018

Herausgeber
Stiftung Haus der Geschichte der Bundesrepublik Deutschland
Willy-Brandt-Allee 14
53113 Bonn
Tel.: +49 228/9165-0
Fax: +49 228/9165-302
www.hdg.de

Präsident und Professor
Dr. Hans Walter Hütter

Redaktion
Bettina Citron

Bildredaktion
Bettina Citron, Uwe Schwabe

Objektfotos
CDS Gromke, Leipzig
Haus der Geschichte/Axel Thünker, Susan Schaarschmidt, Bonn
Punctum Fotografie, Bertram Kober, Leipzig

Gestaltung/Umschlaggestaltung
JahnDesign Thomas Jahn, Erpel/Rhein
www.thomasjahndesign.de

Korrektorat
Katrin Günther, Berlin

Gesamtherstellung und Vertrieb
Kerber Verlag, Bielefeld
Windelsbleicher Straße 166–170
33659 Bielefeld
Tel.: +49 5 21/9 50 08-10
Fax: +49 5 21/9 50 08-88
info@kerberverlag.com
www.kerberverlag.com

Die Deutsche Nationalbibliothek verzeichnet diese Publikation in der Deutschen Nationalbibliografie; detaillierte bibliografische Daten sind im Internet über http://dnb.dnb.de abrufbar.

ISBN: 978-3-7356-0274-9
(Museumsausgabe)

ISBN: 978-3-7356-0189-6
(Buchhandelsausgabe)

Printed in Germany